Captação de recursos: contexto, principais doadores, financiadores e estratégias

O selo DIALÓGICA da Editora InterSaberes faz referência às publicações que privilegiam uma linguagem na qual o autor dialoga com o leitor por meio de recursos textuais e visuais, o que torna o conteúdo muito mais dinâmico. São livros que criam um ambiente de interação com o leitor – seu universo cultural, social e de elaboração de conhecimentos –, possibilitando um real processo de interlocução para que a comunicação se efetive.

Captação de recursos: contexto, principais doadores, financiadores e estratégias

Fernando Aguiar Camargo

 Rua Clara Vendramin, 58 – Mossunguê
CEP 81200-170 – Curitiba – Paraná – Brasil
Fone: (41) 2106-4170
www.intersaberes.com
editora@editoraintersaberes.com.br

Conselho editorial
Dr. Ivo José Both (presidente)
Dr.ª Elena Godoy
Dr. Neri dos Santos
Dr. Ulf Gregor Baranow

Editora-chefe
Lindsay Azambuja

Supervisora editorial
Ariadne Nunes Wenger

Analista editorial
Ariel Martins

Preparação de originais
Luiz Gustavo Micheletti Bazana

Edição de texto
Arte e Texto
Camila Rosa

Capa
Sílvio Gabriel Spannenberg (*design*)
beeboys/Shutterstock (imagem)

Projeto gráfico
Allyne Miara

Diagramação
Andreia Rasmussen

Equipe de *design*
Iná Trigo
Sílvio Gabriel Spannenberg

Iconografia
Celia Kikue Suzuki
Regina Cláudia Cruz Prestes

Dados Internacionais de Catalogação na Publicação (CIP)
(Câmara Brasileira do Livro, SP, Brasil)
_____

Camargo, Fernando Aguiar
    Captação de recursos: contexto, principais doadores, financiadores e estratégias/Fernando Aguiar Camargo. Curitiba: InterSaberes, 2019.

    Bibliografia.
    ISBN 978-85-227-0038-7

    1. Administração de projetos 2. Estratégia 3. Ética 4. Finanças 5. Gestão de eventos 6. Meios de comunicação 7. Negociação 8. Recursos – Captação I. Título.

19-25800   CDD-658.15224
_____
            Índices para catálogo sistemático:
1. Captação de recursos: Administração   658.15224

        Maria Paula C. Riyuzo – Bibliotecária – CRB-8/7639

1ª edição, 2019.

Foi feito o depósito legal.

Informamos que é de inteira responsabilidade do autor a emissão de conceitos.

Nenhuma parte desta publicação poderá ser reproduzida por qualquer meio ou forma sem a prévia autorização da Editora InterSaberes.

A violação dos direitos autorais é crime estabelecido na Lei n. 9.610/1998 e punido pelo art. 184 do Código Penal.

Sumário

Prefácio   9
Apresentação   11
Como aproveitar ao máximo este livro   14

Capítulo 1
Gestão de eventos e relação com a captação de recursos   **16**
1.1 Gestão de eventos e suas etapas   20
1.2 Planejamento do evento   22
1.3 Eventos envolvidos na captação   25

2
Gestão de projetos e relação com a captação de recursos   **40**
2.1 Etapas do projeto   44
2.2 Projeto *versus* evento   54
2.3 Gestão do projeto: iniciação, planejamento, execução, monitoramento e encerramento   57

3
Contexto da captação de recursos   **64**
3.1 Contexto da captação para financiamento de projetos   68
3.2 *Fundraising*   70
3.3 Tipologia e origens de recursos   72
3.4 Legislação pertinente às fontes públicas   82

Capítulo 4
Plano de captação de recursos — 96
4.1 Estrutura do plano de captação — 98
4.2 Competências do captador — 102
4.3 Informações sobre possíveis doadores e financiadores — 110
4.4 Base de dados — 113

Capítulo 5
Captando de pessoas físicas — 122
5.1 Grandes doadores — 127
5.2 Construção e manutenção da parceria — 132
5.3 Captando com gerações diferentes — 135

Capítulo 6
Captação de empresas — 144
6.1 Patrocínio — 147
6.2 Apoio e voluntários — 152
6.3 *Marketing* relacionado à causa — 157

Capítulo 7
Captação de fundações — 164
7.1 Tipos de fundação — 166
7.2 Estratégias para fazer a aproximação da fundação — 168
7.3 Carta proposta — 171
7.4 Prestação de contas — 173

Capítulo 8
Negócios sociais — 180
8.1 Fases dos negócios (projetos) sociais — 184
8.2 Geração de renda própria — 186

Capítulo 9
Maneiras de captar recursos — 196
9.1 Mala direta — 199
9.2 Campanhas periódicas — 201
9.3 Corridas, caminhadas e eventos esportivos — 202
9.4 *Face-to-face* (face a face) — 204
9.5 *Telemarketing* e outros métodos — 205
9.6 Eventos — 207
9.7 Modelo canvas e *design thinking* — 210

Capítulo 10
Captando *on-line* — 224
10.1 *Site* — 229
10.2 *E-mail* — 230
10.3 Mídias e redes sociais — 233
10.4 Facebook — 236
10.5 Twitter — 237
10.6 LinkedIn — 238
10.7 YouTube — 238
10.8 Instagram — 239
10.9 Pinterest — 239
10.10 *Crowdfunding* — 241
10.11 Dispositivos móveis — 243
10.12 Mensagens instantâneas — 245

Capítulo 11
Sustentabilidade e responsabilidade social corporativa — 254
11.1 Conceituação de termos envolvidos na captação de recursos — 256
11.2 Finanças — 263
11.3 Contabilidade verde — 269

Capítulo 12
Ética empresarial **274**
12.1 A ética na captação e no uso dos recursos 277
12.2 O código de ética e os padrões da prática profissional:
a Associação Brasileira de Captadores de Recursos (ABCR) 280

Para concluir... 291
Referências 293
Respostas 301
Sobre o autor 319

Prefácio

Esta obra, escrita com maestria pelo professor Fernando Aguiar Camargo, secretário-executivo com importante *know-how* também na área de finanças, articula conceitos específicos da captação de recursos à gestão de eventos, ampliando as possibilidades de atuação a todos os profissionais que tenham entre suas atribuições a área de eventos.

Com uma linguagem rica em termos específicos, como *fundraising* e *crowdfunding*, abordados de forma esclarecedora e instigante, possibilita ao leitor compreender os mecanismos de captação de recursos disponíveis em nossa sociedade. Para tanto, o autor conduz o leitor à compreensão desse processo, além de orientá-lo sobre como e onde encontrar as fontes de recursos que interagem com cada tipo de projeto.

Por falar em *projetos*, a temática é explorada de forma bastante clara ao longo do livro, e não poderia ser diferente, uma vez que os projetos são a base tanto para a organização de um evento como para a captação de recursos, públicos ou privados, organizados pelo terceiro setor ou no âmbito das organizações. Afinal, em uma sociedade na qual o conhecimento é interdisciplinar, talvez não seja mais possível pensar em projetos sociais e corporativos de maneira distinta, pois somos todos interfaces de um mesmo cenário social. Da mesma forma, há muito tempo sabemos que responsabilidade socioambiental não é obrigação exclusiva dos órgãos governamentais, mas de cada cidadão que compõe essa nação. Assim, a obra propicia importantes reflexões sobre o papel do gestor de eventos na captação de recursos na contemporaneidade, considerando as divergências e complementariedades das esferas pública e privada.

A obra lança um olhar cuidadoso para as relações interpessoais que se estabelecem nesse contexto e para as implicações trazidas às diferentes gerações com a inserção das tecnologias de comunicação. Nesse cenário, o autor chama a atenção para a importância de utilizar de maneira adequada os meios de comunicação, a fim de que eles contribuam para a construção de uma imagem profissional adequada ao captador de recursos. É de valia ressaltar, também, a importância desses canais de comunicação para otimizar tempo e espaço no fluxo das negociações. São considerações extremamente relevantes e alinhadas à realidade das relações atuais.

A você, leitor, desejamos uma caminhada curiosa e envolvente por esta obra, que poderá contribuir para ampliar seus conhecimentos. Divirta-se e permita-se construir, com este livro e tantas outras conexões que você estabelecerá ao longo de sua vida, sua melhor versão!

Vanderleia Stece de Oliveira

Mestra em Educação, especialista em Administração Estratégica e Gestão da Qualidade e graduada em Secretariado Executivo Trilíngue

Apresentação

Este material explora o tema *captação de recursos*, conteúdo ainda incipiente no Brasil, mas que vem ganhando cada vez mais força em virtude das condições econômicas e políticas, as quais exercem reflexo direto na dinâmica das pessoas e empresas e, consequentemente, na disponibilização de recursos.

Seu objetivo é possibilitar que profissionais cuja atividade principal não seja a captação de recursos tenham acesso aos conhecimentos necessários para buscar recursos, ou seja, incentivar profissionais que muitas vezes fazem eventos ou gerenciam projetos para que consigam a captar recursos e, em alguns casos, potencializar seu alcance e os resultados.

Com informações mais amplas sobre os temas que fazem parte do dia a dia do captador de recursos, a obra foi pensada para que estudantes e profissionais de outras áreas encontrem materiais mais práticos sobre o tema e referências que possam auxiliar no desenvolvimento de tarefas pessoais ou profissionais que envolvam captação de recursos.

A obra propõe-se a aproximar conceitos e técnicas à realidade da captação de recursos. Assim, nos Capítulos 1 e 2 são exploradas a gestão de eventos e projetos, relacionando essa temática à captação de recursos. Os capítulos exploram as principais fases dos eventos e projetos, fazendo uma aproximação e um comparativo entre as duas temáticas.

No Capítulo 3, será possível conhecer o contexto da captação de recursos, ou seja, como surgiu, por que as pessoas doam, o que é captação de recursos de fato (*fundraising*, em inglês) e quais são as principais fontes e os tipos de recursos possíveis nesse processo.

No Capítulo 4, será explorado o que é necessário para começar a captar, desde as competências desejáveis para as pessoas da equipe de captação até as técnicas envolvidas para a criação de uma base de dados de potenciais doadores.

Nos Capítulos 5, 6, 7 e 8, serão apresentadas e exploradas as fontes de captação de recursos, como doação, investimento, patrocínio ou financiamento e as principais características de cada fonte, assim como seus pontos positivos e negativos. Nesses capítulos, também são explorados alguns modelos usados nesses processos.

Já os Capítulos 9 e 10 apresentam maneiras alternativas de captar recursos e algumas técnicas utilizadas por empresas e campanhas conhecidas que podem ser replicadas tanto para um simples evento pessoal quanto para a captação de valores para um projeto empresarial. São exploradas técnicas *on-line* de captação, que apresentam um alcance maior e, na maioria das vezes, um custo menor do que métodos que necessitam da presença de uma pessoa.

O Capítulo 11 aborda a sustentabilidade e a responsabilidade social corporativa, bem como a relação desses conceitos com a captação de recursos, explorando alguns conhecimentos sobre finanças e a contabilidade verde, conceito cada vez mais presente no dia a dia das empresas.

Finalizamos com o Capítulo 12, que promove algumas reflexões sobre a ética empresarial, incluindo os códigos de conduta das empresas e o código de ética dos captadores de recursos, leitura obrigatória para todos aqueles que, mesmo temporariamente, exerçam a função de captar.

Captar vai muito além de um bom projeto e envolve habilidades pessoais como rede de relacionamento, valores e princípios, espírito empreendedor e habilidades profissionais como credibilidade, conhecimento do negócio, liderança e gestão de processos e equipes. Essas habilidades são complementares e essenciais para que o processo de captação tenha êxito.

A obra não apresenta um modelo pronto de captação e oferece conhecimentos, técnicas, métodos e exemplos que o auxiliarão e o apoiarão na tomada de decisões e no processo de estruturação de um projeto para posterior captação de recursos. Esperamos que o conteúdo auxilie em suas experiências pessoais e profissionais e possa ser um material de consulta valioso.

Como aproveitar ao máximo este livro

Este livro traz alguns recursos que visam enriquecer o seu aprendizado, facilitar a compreensão dos conteúdos e tornar a leitura mais dinâmica. São ferramentas projetadas de acordo com a natureza dos temas que vamos examinar. Veja a seguir como esses recursos se encontram distribuídos no decorrer desta obra.

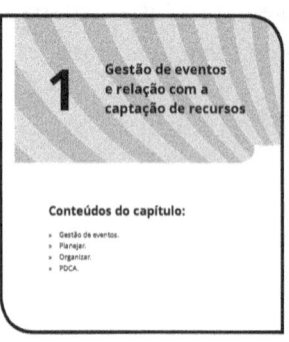

Conteúdos do capítulo
Logo na abertura do capítulo, você fica conhecendo os conteúdos que nele serão abordados.

Após o estudo deste capítulo você será capaz de:
Você também é informado a respeito das competências que irá desenvolver e dos conhecimentos que irá adquirir com o estudo do capítulo.

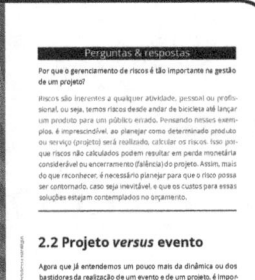

Perguntas & respostas
Seção que apresenta respostas e comentários a dúvidas comuns em torno do assunto abordado.

Síntese
Você dispõe, ao final do capítulo, de uma síntese que traz os principais conceitos nele abordados.

Questões para revisão
Com estas atividades, você tem a possibilidade de rever os principais conceitos analisados. Ao final do livro, o autor disponibiliza as respostas às questões, a fim de que você possa verificar como está sua aprendizagem.

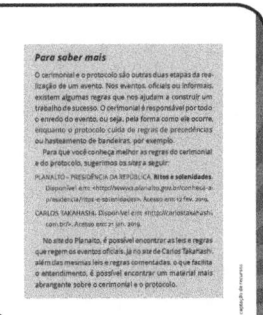

Para saber mais
Você pode consultar as obras indicadas nesta seção para aprofundar sua aprendizagem.

1 Gestão de eventos e relação com a captação de recursos

Conteúdos do capítulo:

» Gestão de eventos.
» Planejar.
» Organizar.
» PDCA.

Após o estudo deste capítulo, você será capaz de:

1. compreender a relação entre eventos e captação de recursos;
2. entender por que os eventos são compostos por etapas;
3. reconhecer a importância e os gargalos dos eventos envolvidos na captação de recursos.

Começamos nossos estudos com a definição de *captação de recursos* segundo a Associação Brasileira de Captadores de Recursos (ABCR, 2016):

> Na prática, captação de recursos significa ter uma equipe dedicada a pensar em ideias criativas para trazer as doações, a aproximar a organização da comunidade, a defender que ela seja o mais transparente possível e etc. Captar recursos é, principalmente, ter pessoas na organização que entendem que o trabalho delas é fundamental para conseguir os recursos tão importantes para que a ONG tenha impacto e seja transformadora na sua atuação, cumprindo integralmente a sua missão. Fazendo um paralelo bastante comum, a captação de recursos representa para as organizações da sociedade civil o que a área de tributos representa para a administração pública (trazer o dinheiro via impostos e taxas) e a área comercial para as empresas (trazer o dinheiro a partir da venda de produtos e prestação de serviços).

Neste capítulo, traçaremos um paralelo entre a gestão de eventos e a captação de recursos. O tema merece atenção, pois as empresas buscam formas de captar recursos a fim de potencializar seus eventos, manter a qualidade de eventos já consagrados em momentos de recessão ou reduzir o orçamento. Contudo, vale ressaltar que não serão tratados detalhes da organização ou gestão de um evento, e sim quais etapas da realização de um evento estão relacionadas à captação de recursos e podem ajudar no trabalho de um captador.

Segundo Teixeira, Maccari e Kniess (2012), existem várias definições para *evento*, desde uma reunião de pessoas realizada com data, local e horário predefinidos até uma forma de comunicação cujo objetivo é divulgar e promover um produto ou uma marca. Porém, uma das definições expressa bem a leitura da maioria das empresas quando pensa em um evento: ele é considerado parte do planejamento estratégico e algo que contribui diretamente para o sucesso ou o fracasso de ações corporativas e para a imagem da instituição.

Ao realizar um evento, algumas etapas são comuns, independentemente do porte do acontecimento ou do tamanho da empresa. Além das fases pré, intra (trans) e pós, comuns a todos os tipos de evento, o gestor, com sua equipe, precisa definir aspectos como local, data, horário, cardápio, convidados, orçamento e relatório de despesas, entre outros, para que o planejamento seja satisfatório.

Assim como planejamos a realização de um evento, também é preciso pensar na captação de recursos, ou seja, é necessário ter um plano e definir de maneira clara uma lista de objetivos e um esquema ou mapa que auxiliem no alcance deles. Ter um plano, mapa ou planejamento será essencial para que o captador, as instituições e as empresas definam metas e prioridades, por exemplo (Heyman; Brenner, 2017).

Nesse contexto, encontramos a primeira relação entre gestão de eventos e captação de recursos, que podemos resumir como: a definição dos processos de um evento (ou captação de recursos) que influenciará diretamente no resultado do acontecimento. E mais, se for necessário captar recursos para um evento, essa etapa será integrante da gestão do evento, interferindo diretamente no porte, no orçamento e na realização ou não do evento.

Logo, o conhecimento sobre as etapas de um evento, assim como seu planejamento, é essencial para que a captação de recursos seja feita de maneira correta e eficaz. Oportunamente, veremos que eventos, projetos e captação de recursos apresentam pontos em comum e que muitas vezes se confundem ou exercem uma mesma função (ou objetivo) em determinados momentos. Por isso, esses três conceitos serão tratados separadamente, sempre construindo relações entre suas etapas de planejamento, a fim de oferecer subsídios para que os profissionais que necessitam captar recursos possam alcançar êxito em suas ações.

Perguntas & respostas

É comum a captação de recursos nos eventos corporativos?

Não. É muito mais comum a captação de recursos quando o evento é particular, estudantil ou apresenta algum cunho social, pois as empresas geralmente têm em seu orçamento uma verba específica e já programada para gastos com eventos. Porém, isso não exclui a necessidade de buscar recursos quando atuamos em empresas de menor porte.

1.1 Gestão de eventos e suas etapas

O termo *gestão* apresenta diversos significados, mas pode ser definido como a melhor escolha a ser feita em uma situação específica. Afinal, quando nos deparamos com uma decisão a ser tomada, seja referente à nossa vida pessoal, seja profissional, sempre buscamos escolher o melhor caminho a seguir e consideramos todos os eventos (acontecimentos) e as informações de que dispomos até aquele momento.

Quando pensamos em um evento, não é diferente. Afinal, seguimos um planejamento de acordo com o escopo inicial passado por quem solicitou o evento e fazemos alguns ajustes (melhores escolhas) diante dos desafios encontrados e das mudanças solicitadas. Organizar, planejar, fazer mudanças, calcular riscos e ter ações preventivas são algumas etapas importantes da gestão de eventos. Essas e outras etapas serão tratadas em detalhes na próxima seção deste capítulo.

Qualquer evento, independentemente do porte (pequeno, médio ou grande), exigirá do profissional muita organização e destreza para lidar com pessoas e situações diversas se comparadas à rotina profissional em um escritório, por exemplo. Se pensarmos em uma reunião na qual pessoas de outros países participarão, podemos imaginar quantas ações adicionais serão necessárias se confrontarmos com uma reunião rotineira que a equipe faz toda semana, apenas com os colaboradores internos.

É importante que os profissionais tenham bem claro quais são as etapas que fazem parte de qualquer evento. Por mais simples que possam parecer, às vezes não nos atentamos a alguns detalhes. São elas: início (pré-evento), trans ou intraevento (momento no qual o evento ocorre de fato) e fim (pós-evento).

Negligenciar essas três etapas pode comprometer a gestão de um evento, pois para se iniciar um evento, é necessário que todo o planejamento esteja revisado e todas as pessoas da equipe tenham compreendido cada detalhe (início) a fim de que ele ocorra da melhor maneira possível, com o menor número de imprevistos. Porém, se estes ocorrerem, todas as ações preventivas deverão auxiliar em sua condução e realização (intraevento). É nesta última etapa que precisamos ter mais atenção e nos aprimorar, ou seja, o evento acaba para os participantes, mas não para os organizadores, que devem colocar em prática todas ações planejadas, como análise da pesquisa de satisfação, agradecimentos e fechamento financeiro, entre outras.

Assim, faremos um estudo detalhado das principais etapas que fazem parte do planejamento de um evento ou, como veremos adiante, das etapas do projeto de nosso evento. Como todo acontecimento (evento) apresenta particularidades, é essencial que, em alguns casos, sejam feitos ajustes de acordo com essas características únicas.

Perguntas & respostas

Qual é a importância das três fases (macro) de um evento?

Independentemente da finalidade do evento, sempre será necessária uma fase de planejamento (pré-evento), uma fase de execução (trans ou intraevento) e uma fase de conclusão (pós-evento). Essas fases auxiliarão na construção e na realização de um evento, que terá grandes chances de ser bem-sucedido e gerar conhecimento, desde que as fases sejam de fato seguidas e realizadas com coerência e efetividade.

1.2 Planejamento do evento

Podemos entender como *planejamento* a ação de pensar previamente sobre tudo o que pode acontecer em determinada situação, pessoal ou profissional. Seguindo esse raciocínio, quando acordamos e pensamos como será nosso dia ou quando temos uma agenda e anotamos os horários de nossos compromissos profissionais, estamos nos planejando.

Nesse momento, uma dúvida pode surgir: *Planejar* e *organizar* são sinônimos?

Não são sinônimos, porém *organizar* (colocar em ordem) é uma das etapas do planejamento, que se diferencia, pois usa essas ações (colocadas em ordem) seguindo um plano definido. Complementando, se recorrermos às teorias de administração, encontraremos que um bom gestor deve reunir algumas características ou habilidades importantes, as quais nos ajudam a entender melhor as diferenças:

» **Planejar** – Reunir todas as informações pertinentes à tarefa que deverá ser executada. É importante sempre estar atento a possíveis problemas e/ou dificuldades que possam surgir durante o processo. No planejamento também são definidos os objetivos e os prazos.

» **Organizar** – Reconhecer todos os recursos necessários e definir a maneira de utilizá-los de forma mais otimizada, ou seja, organizada e concatenada. Essa etapa depende dos objetivos traçados no planejamento.

» **Dirigir** – Colocar em prática as ações previstas no planejamento, seguindo as orientações analisadas durante a organização. Dirigimos ou guiamos, uma vez que todas as ações foram calculadas e estipuladas para o melhor resultado possível (planejamento e organização).

» **Controlar** – Fazer o *follow-up* (acompanhamento) dos processos de forma bastante atenta e próxima, a fim de evitar problemas e corrigir possíveis contingências, fatos que podem exigir mudanças de alguma ação previamente programada para que os objetivos continuem nos prazos estabelecidos.

Essas características ou habilidades dos administradores e gestores deram origem ao ciclo PDCA, do inglês *plan* (planejar), *do* (organizar/fazer), *check* (dirigir/checar) e *act* (controlar/agir). Trata-se de uma ferramenta utilizada na administração para gerir ou melhorar processos de uma forma contínua, ou seja, cíclica.

Os conceitos abordados anteriormente são importantes, pois todas as fases apresentadas a seguir terão o seu ciclo – ou seja: organização, direção e controle – e, todas juntas, darão origem ao planejamento e a um novo ciclo. Vamos às fases.

1.2.1 Objetivos

É necessário saber por que o evento será realizado. Em outras palavras, é importante entender qual resultado o solicitante deseja alcançar. Lembrando que eventos podem ter como objetivo desde o lançamento de um produto até uma ação para melhorar a relação entre os colaboradores.

1.2.2 Orçamento

Conhecido o objetivo, é o momento de definir qual será o investimento necessário para a realização. Além do valor total, importante para que o evento seja aprovado, é importante que tenhamos mais de um orçamento para cada item cotado, do local aos insumos utilizados, para que possamos ter alternativas com o mesmo padrão orçado ou com padrões superiores ou inferiores.

1.3 Eventos envolvidos na captação

Com os objetivos definidos e o orçamento aprovado, é necessário pensar no evento em si e em todos os elementos que serão planejados para que consigamos alcançar os objetivos definidos. Apresentamos cada um deles a seguir.

1.3.1 Equipe

Dificilmente conseguimos preparar um evento sozinho, mesmo os de pequeno porte, tanto no planejamento, isto é, no pré-evento, quando temos ideias e pensamentos para concretizar algo, como no transevento, momento em que as coisas acontecem de fato. Assim, é importante que saibamos escolher as pessoas que possam agregar valor ao nosso trabalho, intelectualmente ou por meio do trabalho. Um aspecto importante a observar é se os membros da equipe possuem alguma experiência prévia com planejamento, execução ou conclusão de eventos.

1.3.2 Tema

Geralmente, está mencionado no nome do evento, ou seja, quando nos deparamos com "XX Simpósio de Medicina Fetal", por exemplo, sabemos que é um evento da área médica e que seu tema será medicina fetal. Assim, é importante que nosso tema tenha relação com o nome do evento, pois esse é o primeiro atrativo para as pessoas que não participaram de edições anteriores e buscam um evento na área na internet, por exemplo.

1.3.3 Público-alvo

São as pessoas que buscam pelo evento que será realizado. Utilizando o mesmo exemplo do evento citado, nosso público-alvo seriam médicos, mais especificamente, pediatras e obstetras. Em um evento de lançamento de um carro de luxo, seriam pessoas que já possuem carros dessa categoria ou que responderam a uma pesquisa sobre o assunto, demonstrando interesse. Essa etapa também é importante para a definição do que será oferecido no evento, como *coffee break* e almoço. Isso porque os serviços oferecidos devem atender às exigências do público-alvo. Ou seja, para lançar um carro de luxo, teremos um público-alvo exigente e que busca luxo, mesmo em um simples lanche ou refeição.

1.3.4 Data

O primeiro ponto a se observar é o calendário de eventos da cidade. Em São Paulo, por exemplo, é inviável fazer eventos nas mesmas datas da Fórmula 1 ou de *shows* de artistas internacionais, pois a disponibilidade de hotéis e o deslocamento na cidade ficam prejudicados. Outro ponto importante são os feriados e as datas religiosas, pois podem diminuir o número de participantes do evento. E, por fim, é necessário atentar às características do público-alvo e à logística, a fim de verificar se é melhor realizar o evento em um fim de semana ou durante a semana.

1.3.5 Horário

É importante atentar às principais rotas de deslocamento até o local do evento, pois nos grandes centros urbanos o horário comercial pode prejudicar o deslocamento dos participantes. Uma boa solução é iniciar antes do horário de maior movimentação, oferecer um pequeno lanche e estender o horário de término, proporcionando um momento de relacionamento e *network*.

1.3.6 Local

Além de levar em consideração o número de participantes e a estrutura física (salas, equipamentos, equipe e dinâmica do evento), é importante atentar às rotas dos participantes e ao acesso que o local oferece (metrô, ônibus, ciclovias e estacionamento) para que a dinâmica dos participantes seja facilitada ao máximo.

1.3.7 Disposição da sala

Melhor do que explicações dos formatos possíveis de sala são imagens que nos fazem assimilar o que é possível fazer no espaço que temos. Veja nas figuras a seguir exemplos de montagens de mesas.

Figura 1.1 – Mesa em U

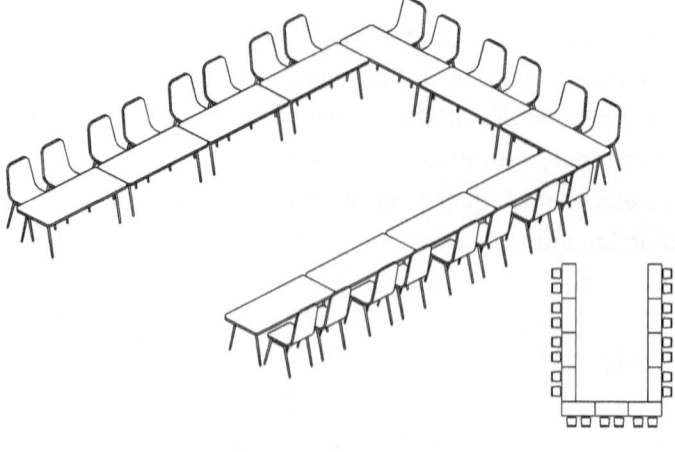

Figura 1.2 – Mesa em T

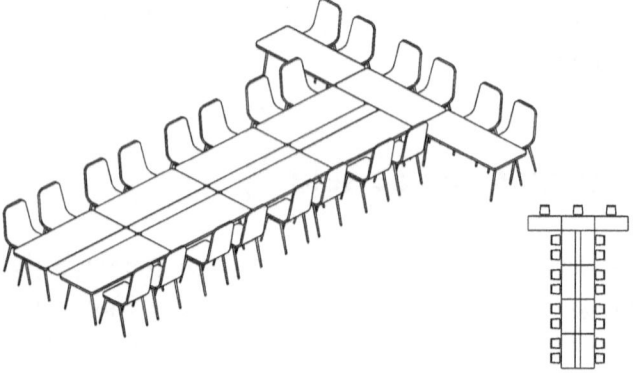

Figura 1.3 – Mesa em E

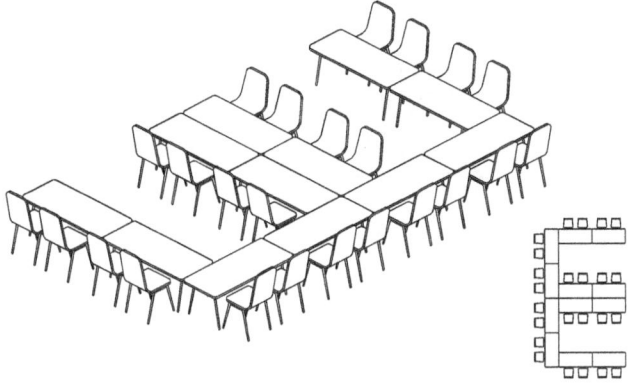

Figura 1.4 – Mesas dispostas em formato de retângulo ou quadrado

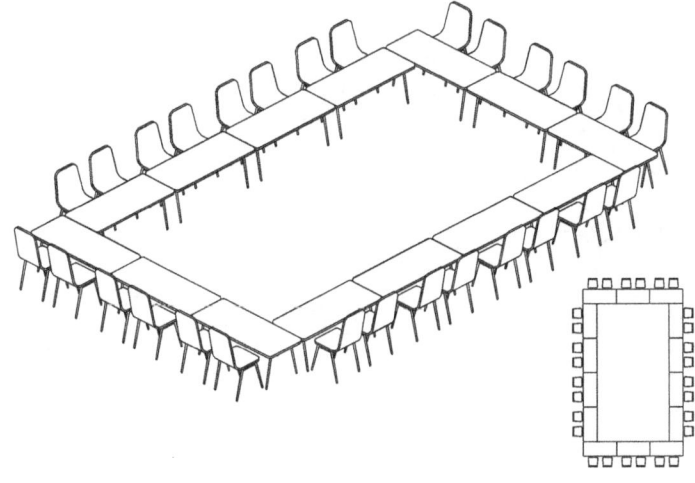

Figura 1.5 – Mesas dispostas em formato de banquete

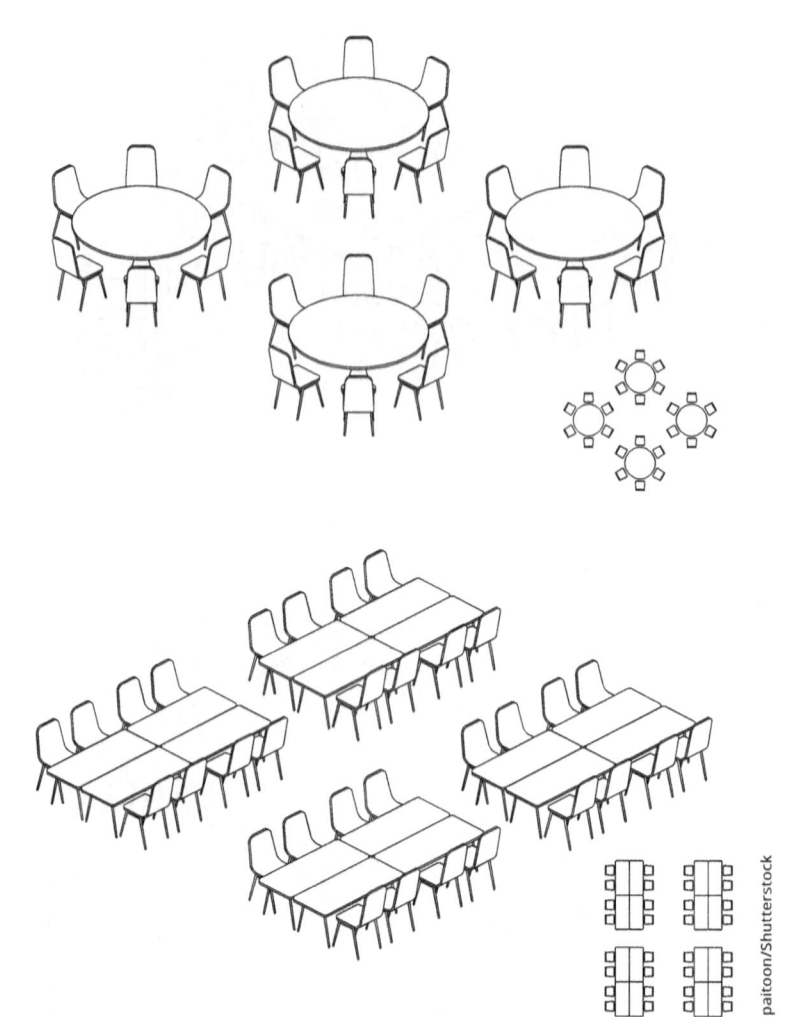

Figura 1.6 – Cadeiras dispostas em formato de teatro

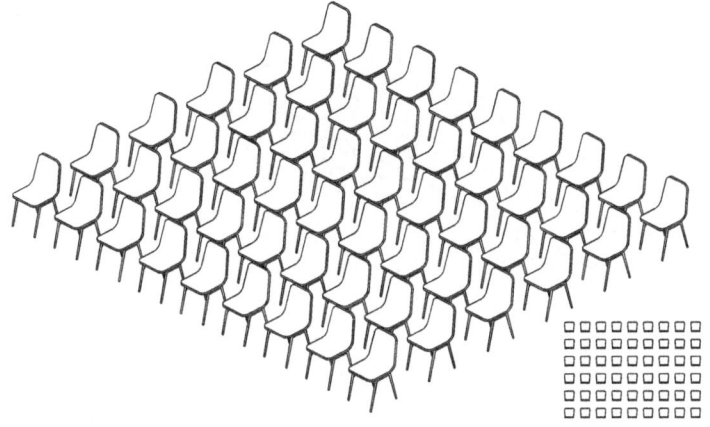

Figura 1.7 – Mesas dispostas em formato escolar

Figura 1.8 – Mesa única

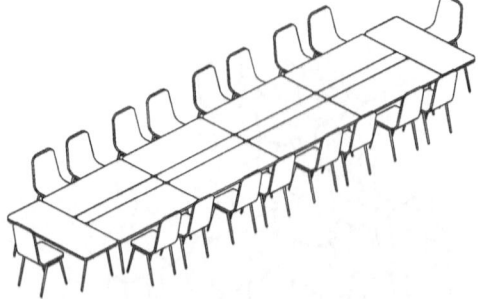
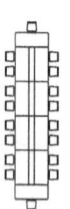

Algumas formas são mais utilizadas, de acordo com o porte do evento. Para reuniões de negócios, mesa em U ou única; quando temos mais participantes e existe a necessidade de usar computadores ou escrever, mesa escolar; em eventos maiores, geralmente com mais de cem pessoas, opta-se pela organização em forma de teatro para otimizar o espaço e comportar mais participantes.

1.3.8 Programação

Para que possamos chegar a esta etapa, devemos ter planejado todas as outras aqui estudadas, pois na programação divulgaremos o tema, a data, o horário e o local de todos os acontecimentos de eventos, como palestras, *workshops*, reuniões ou atividades paralelas. Vale ressaltar que, para fazer a programação, é importante ter uma estimativa do número de participantes para dimensionar o local e as atividades que serão oferecidas.

1.3.9 Riscos

No desempenho de qualquer função, corremos riscos. Ao escrever em uma folha com um lápis, corremos o risco de a ponta do lápis quebrar, de a folha rasgar ou mesmo voar. Em um evento, podemos enumerar diversos riscos de maneira macro: um fornecedor não entregar material, um membro da equipe faltar, a segurança falhar, um convidado se exaltar, enfim, são muitos os riscos. Cabe a nós, na organização, buscar alternativas para possíveis acontecimentos (riscos) que possam comprometer o sucesso do evento.

1.3.10 Divulgação

Aqui temos ações de *marketing* tradicional, que podem ir de um simples panfleto a um comercial em televisão ou jornal. Atualmente, a forma mais utilizada para divulgação são as mídias sociais, que incluem mídias com apelo mais pessoal, como Instagram, Facebook e Snapchat, e mídias com enfoque mais profissional, como LinkedIn, Somewhere ou Xing. O que pode ajudar muito no momento da divulgação é o *networking* que o organizador do evento tem, ou seja, pessoas com as quais ele tem alguma relação e podem ajudar na multiplicação do tema ou da programação, fazendo com que mais pessoas tenham contato com o evento.

1.3.11 Avaliação

Tão importante quanto as outras etapas é saber qual foi a impressão dos participantes de todas as etapas aqui citadas em relação a aspectos como localização, serviço de comida e bebida, mestre de cerimônias, palestrantes, valor cobrado e produto final entregue. Sem esquecer, é claro, de deixar um espaço aberto sobre sugestões do evento como um todo.

1.3.12 Fechamento

Nesse momento, será necessário comprovar todos os gastos e checar se o executado seguiu o planejamento e alcançou os objetivos traçados em relação aos gastos, ao conteúdo e à visibilidade.

Segundo Giorni (2015), essas etapas são essenciais para que um evento possa ser bem-sucedido. Afinal, organizar um evento sem um planejamento pode resultar em um grande fracasso. E mais, um evento bem organizado demonstra as competências e habilidades do organizador, tema que discutiremos a seguir, com enfoque na ação de captação de recursos.

Perguntas & respostas

Um evento tem muitas fases específicas e distintas. É necessário decorar todos esses conceitos e planos de ação para a realização de um evento?

Decorar nunca será a melhor opção, e sim entender as fases e suas principais entregas. Com o passar do tempo e a realização de alguns eventos, esses conceitos estarão praticamente implícitos nas três fases macro: pré, intra e pós-evento, o que facilitará o entendimento e o dimensionamento de todas as fases estudadas. Uma ferramenta que pode ajudar nesse processo de aprendizado e cumprimento das fases é o *checklist,* o qual consiste em uma lista de itens ou tarefas que, quando concluídas, são marcadas e garantem que as etapas ou fases estão sendo cumpridas. Mais informações sobre essa ferramenta podem ser encontradas no *site* Sympla.

SYMPLA. **Como elaborar um checklist para eventos**. Disponível em: <http://blog.sympla.com.br/como-elaborar-um-check-list-para-eventos/>. Acesso em: 21 jan. 2019.

Síntese

Neste capítulo, vimos que a organização de um evento, por mais simples que possa parecer, demanda muita energia e um bom planejamento. Com o entendimento de cada etapa isoladamente, podemos compreender melhor a importância de cada ação, colaborador ou fornecedor envolvidos no processo. Pensar em etapas também nos ajuda a enxergar melhor o todo e prever possíveis riscos ou ajustes de rotas necessários.

Questões para revisão

1. O que é a ferramenta PDCA? Explique as fases pertencentes a esse ciclo ressaltando seus principais aspectos.
2. Tomando como base o que você aprendeu neste capítulo, enumere as etapas de um evento.

3. (Enade – 2006) "A organização de eventos é trabalhosa e de grande responsabilidade. Acontece ao vivo, e qualquer falha comprometerá o conceito/imagem da organização para a qual é realizado, e do seu organizador. Para ter objetivos plenamente atingidos, é fundamental que se faça um criterioso planejamento". (CESCA, Cleusa Gertrudes Gimenes. *Organização de eventos*: manual para planejamento e execução. São Paulo: Summus, 1997)

A partir do texto acima, é correto afirmar que o profissional de Secretariado Executivo [ou qualquer profissional que organiza um evento], entre outras providências, deverá:

I) Adotar um *checklist* próprio que contemple o maior número possível de itens, mesmo os aparentemente desnecessários, incluindo objetivos gerais e específicos, pois é o que garante determinar o que se pretende com o evento.

II) Levar em consideração os objetivos, público e estratégias, sendo que estas últimas consistem naquilo que serve de atração para o público de interesse do evento, pois isso interfere diretamente na tipologia do mesmo.

III) Despreocupar-se com o orçamento para o evento por tratar-se de ponto que não é da sua responsabilidade, pois recursos serão granjeados pela equipe da captação de fomento.

IV) Fazer a implantação (descrição dos procedimentos desde a aprovação do projeto até o seu término), levando em consideração os fatores condicionados para a sua realização, mais o acompanhamento e o controle.

As providências corretas são apenas

a) I e II.
b) II e IV.
c) I, II e III.
d) I, II e IV.
e) II, III e IV.

4. (Enade – 2012) Os eventos são ocasiões relevantes para a geração e promoção de negócios. Com os recursos tecnológicos atuais, uma opção para eventos corporativos é a videoconferência. Esse tipo de recurso proporciona redução de custos com deslocamentos de conferencistas e com participantes externos às organizações, além de possibilitar maior abrangência de público.

Para a organização de uma videoconferência,

a) é necessária a presença de pessoal técnico qualificado para preparar a infraestrutura e operar com recursos tecnológicos.
b) é necessário emitir convites impressos, como em qualquer outro tipo de evento.
c) é desnecessário providenciar a decoração do espaço, já que o evento ocorre a distância.
d) é desnecessário utilizar o *checklist*, pois se trata de evento com programação a distância.
e) é desnecessária a reserva de local específico para o público e conferencistas, já que o evento ocorre a distância.

5. "Aqui temos ações de *marketing* tradicional, que podem ir de um simples panfleto a um comercial em televisão ou jornal. E, atualmente, a forma mais utilizada para divulgação são as mídias sócias, que incluem mídias com apelo mais pessoal, como Instagram, Facebook e Snapchat, e mídias com enfoque mais profissional, como LinkedIn, Somewhere ou Xing. O que pode ajudar muito no momento da divulgação é o *networking* que o organizador do evento tem, ou seja, pessoas com as quais ele tem alguma relação e podem ajudar na multiplicação do tema ou da programação, fazendo com que mais pessoas tenham contato com o evento."

O trecho anterior corresponde a qual fase de um evento?

a) Riscos.
b) Avaliação.
c) Divulgação.
d) Programação.
e) Público-alvo.

Para saber mais

O cerimonial e o protocolo são outras duas etapas da realização de um evento. Nos eventos, oficiais ou informais, existem algumas regras que nos ajudam a construir um trabalho de sucesso. O cerimonial é responsável por todo o enredo do evento, ou seja, pela forma como ele ocorre, enquanto o protocolo cuida de regras de precedências ou hasteamento de bandeiras, por exemplo.

Para que você conheça melhor as regras do cerimonial e do protocolo, sugerimos os *sites* a seguir:

PLANALTO – PRESIDÊNCIA DA REPÚBLICA. **Ritos e solenidades**. Disponível em: <http://www2.planalto.gov.br/conheca-a-presidencia/ritos-e-solenidades>. Acesso em: 12 fev. 2019.

CARLOS TAKAHASHI. Disponível em: <http://carlostakahashi.com.br/>. Acesso em: 21 jan. 2019.

No *site* do Planalto, é possível encontrar as leis e regras que regem os eventos oficiais. Já no *site* de Carlos Takahashi, além das mesmas leis e regras comentadas, o que facilita o entendimento, é possível encontrar um material mais abrangente sobre o cerimonial e o protocolo.

2 Gestão de projetos e relação com a captação de recursos

Conteúdos do capítulo:

- » Projetos e eventos.
- » Etapas.
- » Ciclo de vida.
- » Captação de recursos.

Após o estudo deste capítulo, você será capaz de:

1. estabelecer uma relação conceitual entre projetos e captação de recursos;
2. traçar um paralelo entre eventos e projetos, estudando e entendendo quais são os pontos em comum e como encontrar maior sinergia entre as etapas.

Além de uma perspectiva conceitual de projetos, será possível entender melhor as etapas envolvidas em sua execução e, com esse detalhamento, pensar de uma maneira mais lógica e planejada. O entendimento da dinâmica de um projeto é importante, pois, conforme veremos adiante, a captação de recursos, para ter sucesso, depende de um projeto bem estruturado e bem apresentado.

Este capítulo foi escrito de forma que você possa estabelecer uma relação entre os conceitos estudados no capítulo anterior, mesmo antes do estabelecimento formal dessa relação na seção 2.3. Assim, estudaremos cada etapa do projeto, de acordo com o *Project Management Body of Knowledge* (PMBOK), que em português recebe o título *Um guia de conhecimento em gerenciamento de projetos*, considerado a "bíblia" da área de projetos, ou seja, estudo e leitura obrigatória para aqueles que querem atuar na área.

Segundo o PMBOK (2013, p. 3), *projeto* é:

> um esforço temporário empreendido para criar um produto, serviço ou resultado exclusivo. A natureza temporária dos projetos indica que eles têm um início e um término definidos. O término é alcançado quando os objetivos do projeto são atingidos ou quando o projeto é encerrado porque os seus objetivos não serão ou não podem ser alcançados, ou quando há necessidade de o projeto deixar de existir. Um projeto também poderá ser encerrado se o cliente (cliente, patrocinador ou financiador) desejar encerrá-lo. Temporário não significa necessariamente de curta duração. O termo se refere ao engajamento do projeto e à sua longevidade.

Vale ressaltar que PMBOK é o livro-base para qualquer pessoa que queira estudar sobre projetos gerenciamento de projetos. Nesse livro, há um passo a passo de como montar, gerenciar e avaliar um projeto, objeto de nosso estudo neste capítulo. A leitura do guia PMBOK é sugerida ao final deste capítulo para aqueles que quiserem aprofundar o conhecimento sobre o tema.

Comparando a definição de evento estudada no Capítulo 1 com a definição de projeto apresentada anteriormente, perceberemos que há alguns pontos em comum: um evento que tenha o mesmo nome e a mesma programação de um anterior ainda assim apresentará diferenças, como o público ou a promoção. O mesmo acontece no projeto, no qual a programação e o planejamento possibilitarão um único produto, serviço ou resultado.

Outro ponto em comum é a necessidade de recursos financeiros ou humanos para a realização de um evento ou projeto. É preciso fazer um orçamento ou levantamento prévio de recursos necessários para que possamos realizá-lo. Assim, de maneira simples, podemos estabelecer uma relação entre eventos, projetos e captação de recursos.

Perguntas & respostas

Muitas empresas dizem que trabalham por projetos, ou seja, fazem seu planejamento estratégico e a implementação dele por meio de projetos. Como relacionar a gestão de projetos à captação de recursos?

Muitas companhias trabalham por projetos e sua gestão. E realmente parece estranho captar recursos para poder vender mais de determinado produto. Porém, nesta obra estamos abordando *projeto* como a maneira de gerir vários processos e ações que visam um objetivo único, ou seja, propomos que um evento ou a própria captação de recursos sejam feitos usando os conhecimentos e os conceitos aplicados à gestão de projetos para que o controle e a sinergia entre pessoas e processos seja melhor e, consequentemente, possamos alcançar melhores resultados.

2.1 Etapas do projeto

Conforme já estudado no capítulo anterior, sobre eventos, também precisaremos seguir algumas etapas para montar um projeto de sucesso. O projeto seguirá as mesmas premissas do evento, considerando que ele se divide em planejamento, execução e acompanhamento e encerramento.

Para fixar as semelhanças, observe o quadro a seguir.

Quadro 2.1 – Etapas de eventos e projetos

Etapas	Evento	Projeto
1ª etapa	Pré-evento	Planejamento
2ª etapa	Trans (ou intra) evento	Execução e acompanhamento
3ª etapa	Pós-evento	Encerramento

Agora que conhecemos de maneira macro as semelhanças entre eventos e projetos, vamos explorar com detalhes as etapas de um projeto para depois estabelecer uma comparação entre o que já estudamos sobre eventos e o que veremos a seguir sobre projetos. Assim, segundo o PMBOK, todo projeto tem um ciclo de vida, cujas principais etapas constam no gráfico a seguir.

Gráfico 2.1 – Ciclo de vida de projeto

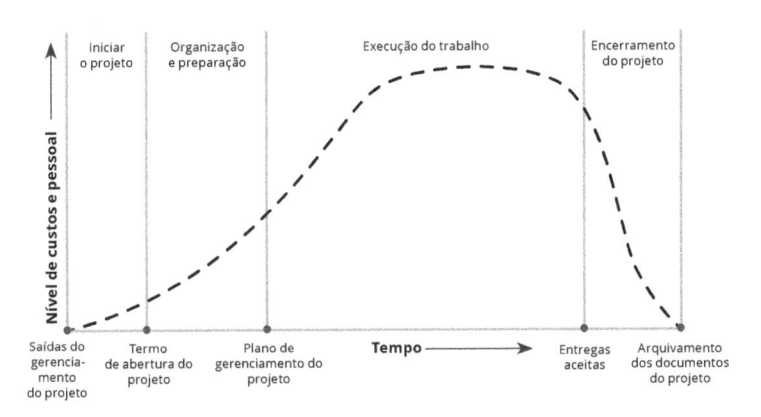

Fonte: PMBOK, 2013, p. 38.

2.1.1 Escopo

De maneira simplificada, podemos dizer que aqui teremos um resumo do projeto. Em linhas gerais, serão demonstrados os principais momentos do projeto, assim como os recursos, prazos e resultados esperados. Se buscarmos no PMBOK, encontraremos a definição de *escopo* como os produtos e serviços necessários para que o projeto seja entregue, além daquilo que será realizado para o alcance dos objetivos traçados, sempre demonstrando os resultados esperados. Essa é a peça fundamental de um projeto, pois os executivos ou possíveis patrocinadores/apoiadores buscam informações nesse documento em um primeiro momento, para depois buscar detalhes ou informações específicas no restante do projeto. Lembrando que um projeto sempre será apresentado de maneira impressa (papel) ou digital.

2.1.2 Prazos

Vale ressaltar que projetos usam muito o termo *deadline*, que, em uma tradução livre, seria algo como "fim da linha", ou seja, fim do prazo ou data de entrega. Muitas vezes, nos apegamos ao prazo final para a entrega do projeto e deixamos de lado os prazos de cada tarefa para que o resultado esperado possa ser entregue. Algumas ferramentas são utilizadas para o controle dos prazos, como o cronograma ou o gráfico de Gantt.

Figura 2.1 – Cronograma

2016	1	2	3	4	5	6	7	8	9	10	11	12	13	14	15	16	17	18	19	20	21	22	23	24	25	26	27	28	29	30	31
Janeiro			Conferência														Conferência de gerentes														
Fevereiro							Oficina				Reunião																Reunião				
Março									Conferência							Exposição comercial															
Abril					Entrevistas																		Campanha								
Maio									Reunião						Oficina			Reunião							Mídia social						
Junho		Reunião					Mídia social																								
Julho									Entrevistas													Exposição comercial								
Agosto																	Campanha														
Setembro				Reunião																	Conferência										
Outubro							Reunião			Reunião														Oficina							
Novembro			Conferência																		Exposição comercial									
Dezembro							Mídia social																			Entrevistas					

martellostudio/Shutterstock

Gráfico 2.2 – Gráfico de Gantt

Gráfico de Gantt: 7 dias, 13 projetos							
Tarefa	Domingo	Segunda	Terça	Quarta	Quinta	Sexta	Sábado
Projeto 1							
Projeto 2							
Projeto 3							
Projeto 4							
Projeto 5							
Projeto 6							
Projeto 7							
Projeto 8							
Projeto 9							
Projeto 10							
Projeto 11							
Projeto 12							
Projeto 13							

John T Takai/Shutterstock

É muito usual o termo *linha do tempo* ou *timeline* para controlar projetos, pois todas as ferramentas utilizadas para esse fim acompanham o projeto ao longo de sua vida, ou seja, do seu início ao seu término. É importante sempre ter em mente uma das definições mais simples de projeto, para que as ferramentas e explicações fiquem mais palatáveis: todo projeto cria ou entrega um serviço ou produto único e difere de um processo por ter um fim específico.

2.1.3 Custos

Com os recursos humanos, os custos constituem um dos pontos mais sensíveis de um projeto. Afinal, se superestimarmos os valores, é possível que o projeto não seja aprovado ou não tenha patrocinadores. Se projetarmos um custo menor, corremos o risco de não finalizar o projeto ou entregá-lo com qualidade muito inferior à esperada. Assim, é necessário um orçamento (conhecimento prévio) da verba que será gasta para a realização de todas as etapas do projeto. Nessa prévia, além de espaço físico, equipamentos, suprimentos e possíveis terceiros, é importante cotar o custo das pessoas que estarão envolvidas no projeto (salários, benefícios, horas extras etc.). Devemos sempre dimensionar possíveis contingências (riscos) e impactos que elas podem causar, afinal, qualquer mudança causará impactos menores ou maiores no projeto.

2.1.4 Qualidade

Característica que pode diferenciar produtos e serviços, além de influenciar na preferência dos clientes, sejam eles internos, sejam externos. É importante lembrar que, quando falamos de *serviços*, a qualidade deve estar presente em todo o processo – em cada detalhe, e não apenas na entrega final. Cada vez mais os clientes buscam pessoas e empresas confiáveis e que ofereçam uma experiência diferenciada, isto é, que proporcionem qualidade do início ao fim de um trabalho ou projeto. A solução para muitas empresas que oferecem produtos ou serviços similares tem sido a qualidade no atendimento, tanto que existe um indicador para as empresas cada vez mais divulgado: o *Customer Relationship*

Management (CRM), ou gestão de relacionamento com o cliente. Esse indicador demonstra a porcentagem de clientes satisfeitos com os produtos e serviços adquiridos e de clientes insatisfeitos. Assim, podemos traçar um paralelo entre o CRM e a gestão de um projeto no qual buscamos a maior porcentagem de satisfação com as entregas realizadas ou a realizar.

Figura 2.2 – *Customer Relationship Management* (CRM) ou gestão de relacionamento com o cliente

ontimedia e garagestock/Shutterstock

2.1.5 Integração

Momento em que todos os processos previstos no projeto devem ser unificados e integrados a fim de garantir que todas as partes (etapas, fases e processos) funcionem e apresentem sinergia entre si. Devem interagir não apenas a parte processual, mas também as pessoas que fazem parte do trabalho. Como veremos a seguir, o bom capital humano, assim como a alta qualidade de um projeto, podem facilitar a busca de patrocinadores e/ou apoiadores.

Em relação à palavra *sinergia*, é importante refletir sobre seu real significado, uma vez que encontramos o termo até em descrições de vagas de emprego. Se buscarmos o significado, encontraremos algo ligado à biologia, que menciona a necessidade de dois órgãos trabalharem associados para a realização de um movimento, por exemplo. Aplicando ao mundo corporativo, *sinergia* está ligada ao fato de conseguirmos que duas ou mais pessoas possam melhorar um processo, otimizar uma ação ou alavancar um resultado.

2.1.6 Plano de recursos humanos

Define quem serão as pessoas e de quais habilidades e competências precisamos para que o projeto seja executado da melhor maneira possível, buscando o maior nível de qualidade. Estabelece como será gerenciado o capital humano presente no projeto, ou seja, como serão administrados os conhecimentos e a experiência profissional dos colaboradores incorporados ao projeto.

O termo *capital humano* é bastante utilizado nas empresas e merece nossa atenção. Apesar de, no primeiro momento, o termo remeter ao valor (capital) das pessoas, o significado é muito mais complexo. Quando usamos a expressão *capital humano*, estamos falando dos conhecimentos, das experiências e das vivências de cada pessoa que agregam valor à empresa ou ao projeto, o que não pode ser precificado. Em outras palavras, podemos dizer que é a importância das pessoas em uma organização ou um projeto.

2.1.7 Comunicação

Comunicar-se de maneira simples pode ser a maneira como enviamos uma mensagem a determinado receptor ou, ainda, pela resposta deste, ou seja, se o entendimento dele foi realmente aquele que buscávamos. Assim, em um projeto, é importante saber se comunicar, ou melhor, ter certeza de que as pessoas realmente entenderam a mensagem enviada e executarão as tarefas da maneira esperada. Se buscarmos o conceito de comunicação no PMBOK, chegaremos ao seguinte: gerenciar a comunicação nada mais é que conhecer os processos necessários para que as informações sejam geradas, coletadas, distribuídas, armazenadas, recuperadas e organizadas da melhor maneira possível (PMBOK, 2013), buscando sempre qualidade e entrega do que foi projetado.

2.1.8 Riscos

São comuns a qualquer atividade, como um projeto, um evento ou uma atividade corriqueira – por exemplo, tomar banho ou ir ao trabalho. Assim, *risco* é tudo aquilo que pode acontecer e desviar o planejamento realizado para a atividade. Fazendo analogia com o exemplo citado, acabar a água é um risco ao tomar banho, assim como um acidente na via que utilizamos para ir trabalhar. No entanto, mais importante do que identificar os riscos é criar e/ou adotar paliativos. No caso do banho, pode-se ter um balde de água estocado e, no caso da ida ao trabalho, podemos sair 30 minutos antes, prevendo o atraso, ou fazer um caminho mais longo que desvie do acidente.

E no projeto, como funciona? Da mesma forma, devemos mapear todos os processos (tarefas) que serão desempenhados no projeto. Feito isso, buscamos possíveis riscos de que essa tarefa atrase, precise ser refeita ou sofra uma contingência, como um período chuvoso fora do programado na construção de um edifício. Com esse mapeamento pronto, devemos prever soluções no projeto – seja financeiramente, seja operacionalmente – sugerindo ao menos uma ação para sanar o risco calculado.

Vale lembrar que nenhuma atividade está ausente de risco. Desde as atividades mais simples, como o envio de um *e-mail*, até as mais complexas, como a compra de um concorrente ou a venda de uma empresa, todas envolvem riscos.

2.1.9 Aquisições

Quando falamos da obtenção de algo dentro de projetos, necessariamente teremos um vendedor (fornecedor, contratada, subcontratada ou prestador de serviços) e um comprador (cliente, contratante, organização compradora, órgão governamental ou solicitante do serviço) envolvidos no processo (PMBOK, 2013). Em outras palavras, contratamos serviços ou compramos produtos. Assim, é importante que tenhamos o apoio de algumas áreas, que, às vezes, não contemplamos nos projetos, como a comercial e a jurídica. Elas podem nos apoiar para que consigamos melhores negociações e contratos que sejam justos para ambas as partes, por exemplo.

Caso não possamos contar com essas áreas (por falta de orçamento, pelo porte da empresa e/ou do projeto), é importante ter pessoas na equipe do projeto que já tenham passado por situações parecidas e possam ajudar a conduzir as tarefas.

Perguntas & respostas

Por que o gerenciamento de riscos é tão importante na gestão de um projeto?

Riscos são inerentes a qualquer atividade, pessoal ou profissional, ou seja, temos riscos desde andar de bicicleta até lançar um produto para um público errado. Pensando nesses exemplos, é imprescindível, ao planejar como determinado produto ou serviço (projeto) será realizado, calcular os riscos. Isso porque riscos não calculados podem resultar em perda monetária considerável ou encerramento (falência) do projeto. Assim, mais do que reconhecer, é necessário planejar para que o risco possa ser contornado, caso seja inevitável, e que os custos para essas soluções estejam contemplados no orçamento.

2.2 Projeto *versus* evento

Agora que já entendemos um pouco mais da dinâmica ou dos bastidores da realização de um evento e de um projeto, é importante identificar pontos em comum entre ambos. Como veremos adiante, o processo de captação de recursos depende de um projeto bem estruturado para que o possível patrocinador/apoiador possa ser convencido de que o investimento é viável.

A relação entre projeto e captação de recurso geralmente é mais clara, mas você pode estar se perguntando onde entram os eventos.

Eventos, assim como projetos, entregam um serviço ou produto único, independentemente do porte. Outra característica comum é que sempre dependerão de financiamento, financeiro ou em forma de apoio, para acontecer. Pensando em um exemplo prático, se uma empresa decide fazer uma festa de confraternização para os funcionários, precisará de um projeto que mostre que a ideia é viável financeira e operacionalmente para que o presidente e os diretores possam comprar o projeto, ou seja, liberar a verba necessária e ajudar na busca de parceiro que viabilize o projeto e, consequentemente, o evento, isto é, a festa de confraternização.

Assim, é importante estabelecer um paralelo entre projetos e eventos. Observe o quadro a seguir.

Quadro 2.2 – Projeto *versus* evento

Projeto	Evento
Escopo	Objetivos
	Tema
	Público-alvo
Custos e aquisições	Orçamento
Plano de recursos humanos	Equipe
	Local
	Disposição da sala
Prazos (ou *deadline*)	Data
	Horário
Integração	Programação
Comunicação	Divulgação
Riscos	Riscos
Qualidade	Avaliação

No quadro, podemos identificar todas as etapas estudadas tanto em eventos como em projetos e a relação entre eles, o que permite concluir que todo evento é um projeto e que todo trabalho estruturado, de menor ou maior porte, é um projeto. Essas reflexões facilitarão nosso entendimento sobre a captação de recursos e os principais mecanismos e formas de captar.

Vale ressaltar que, apesar das relações demonstradas no quadro anterior, todas as etapas são interdependentes, o que significa, por exemplo, que qualidade/avaliação, embora sejam a última etapa, estão ligados ao escopo, pois, ao planejarmos um evento, pensamos na qualidade que queremos entregar e na avaliação que as pessoas irão fazer do que está sendo entregue. O mesmo acontece quando falamos de *programação*, que interage diretamente com o escopo (planejamento) e com a integração, ou seja, a sinergia entre as etapas e tarefas presentes no projeto.

Perguntas & respostas

Qual é a maneira mais simples de traçar um paralelo entre projetos e eventos?

É muito comum ouvirmos que um evento é um acontecimento único, porque é praticamente impossível que uma festa, por exemplo, seja igual, mesmo que aconteça em um mesmo lugar e com os mesmos participantes. Assim, considerando de maneira simplificada que todo projeto entrega um produto ou serviço único, todo evento é um projeto, já que nosso resultado é um acontecimento único.

Assim como em um projeto, em um evento precisamos planejar, criar sinergia entre os processos e controlar orçamento, entre outros aspectos. Isso permite pensar em um evento como um projeto, o que facilita a gestão e a apresentação para terceiros no caso de captação de recursos.

2.3 Gestão do projeto: iniciação, planejamento, execução, monitoramento e encerramento

Assim como vimos nos eventos, existem algumas metodologias que auxiliam na gestão de um projeto. Segundo o PMBOK (2013), em projetos existem cinco ações que auxiliam na gestão, a saber:

» **Iniciação** – O primeiro passo para montar um projeto é ter ideias, em forma de *brainstorming*, reuniões ou *design thinking*. Reunimos essas ideias, excluindo aquelas que possam não se interligar ou ajudar na resolução de um problema específico. Lembrando que projetos são criados para entregar um produto ou serviço exclusivo.
» **Planejamento** – Consiste em estruturar as ideias para que, ao final do projeto, o problema ou a situação tenham uma resolução coerente e eficiente. Nessa fase, teremos o desenvolvimento das etapas: escopo, custos e aquisições e plano de recursos humanos.

» **Execução** – Para que o projeto possa iniciar de fato, precisamos executar as ideias e o planejamento. A execução é a fase em que colocaremos a mão na massa e faremos com que cada etapa prevista no projeto possa iniciar, tomar forma e obter sinergia com as outras frentes do projeto em execução. Trata-se de uma fase bastante operacional, na qual a teoria será aplicada na prática.

» **Monitoramento e controle** – Fase em que ocorre o acompanhamento da execução (monitoramento) e o gerenciamento das mudanças, caso seja necessário (controle). Em outras palavras, será necessário acompanhar toda a execução do planejamento para que possam ser feitas correções de comando ou ajustes de comunicação, financeiros e de logística, entre outros.

» **Encerramento** – Se tudo correr conforme o previsto e o planejado for executado, chegamos ao final do projeto, fase em que fazemos as avaliações necessárias e o encerramento do projeto e arquivamos a *expertise* e o aprendizado adquiridos com o projeto executado. Além disso, é o momento em que encerramos contratos e relações e pedimos ao cliente ou à empresa que avaliem o produto ou serviço entregue.

É muito comum as empresas contratarem consultorias para realizar projetos específicos, nos quais todas essas fases são executadas, e, no encerramento, as pessoas deixam aquela empresa para assumir projetos em outras companhias.

Podemos ver como essas fases se relacionam no gráfico a seguir.

Gráfico 2.3 – Ciclo de vida do projeto

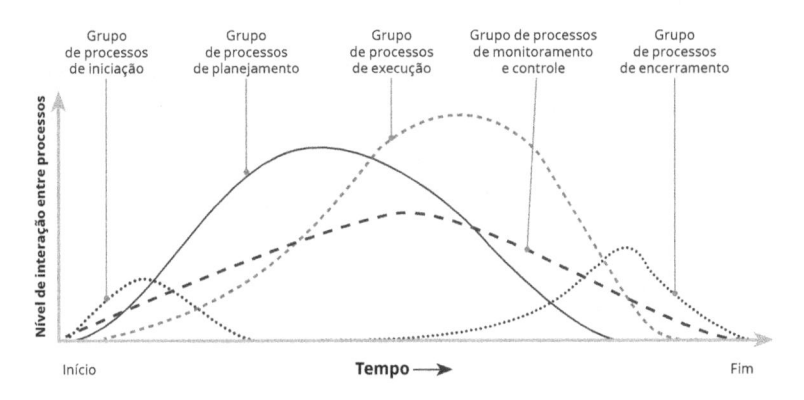

```
Grupo                Grupo              Grupo            Grupo de processos      Grupo
de processos         de processos       de processos     de monitoramento        de processos
de iniciação         de planejamento    de execução      e controle              de encerramento
```

Nível de interação entre processos

Início   Tempo ⟶   Fim

Fonte: PMBOK, 2013, p. 213.

Como podemos ver na figura, todas as fases têm algum ponto de intersecção com outra (as vezes mais de uma) fase. Isso demonstra como um projeto precisa de sinergia entre a equipe e tudo que foi planejado e está sendo executado.

Perguntas & respostas

Aparentemente, as ações presentes na gestão de um projeto se cruzam, ou seja, temos duas ou mais ações acontecendo simultaneamente. Por quê?

A teoria nos ajudará na resposta a esse questionamento, mas, de forma simples, após definir o necessário para iniciar o projeto, já devemos começar o planejamento e o controle, que garantirá seu bom andamento. A terceira fase é a execução, que também será controlada, assim como a última ação, que é o encerramento. Vale salientar que o controle é a ação mais prolongada, que começa com a iniciação e termina com o encerramento, visando ao sucesso do projeto e uma entrega de qualidade.

Síntese

Neste capítulo, conhecemos as etapas de um evento e, na sequência, as etapas e os processos de um projeto, estabelecendo uma relação mais próxima entre ambos. É possível que, nesse momento, você faça a seguinte pergunta: Será que tudo pode ser um projeto?

E a resposta é: Sim. Desde que seja estruturado, ou seja, tenha um planejamento próprio, com começo, meio e fim. Esse conhecimento nos ajuda a compreender melhor por que as empresas têm cada vez mais trabalhado com projetos e práticas baseadas nesses conhecimentos de gerenciamento de projetos.

Ao final deste capítulo, estamos preparados para estudar os conceitos de captação de recursos e compreender por que o tema vem ganhando cada vez mais espaço, seja no terceiro setor, seja no setor privado. Afinal, quando falamos de *captação de recursos*, tratamos da possibilidade de conseguir recursos, financeiros ou não, para que uma ação, evento ou projeto possa acontecer.

Questões para revisão

1. Segundo o PMBOK, qual é a definição de projeto e como se dá seu encerramento?

2. Qual das opções a seguir não é um exemplo de projeto?
   a) Abrir um restaurante.
   b) Criar um *site* para uma empresa.
   c) Arrecadar dinheiro para uma viagem de auxílio a vítimas de um desastre.

d) Esvaziar a estação de reciclagem todos os dias.
e) Evento corporativo.

3. Indique se as afirmações a seguir são verdadeiras (V) ou falsas (F) no que se refere a projetos:
   ( ) Um projeto é um esforço temporário que terá como entrega um produto ou serviço único.
   ( ) Um grupo se voluntariou a manter um trecho da rodovia limpo. Esse é um exemplo de projeto.
   ( ) Uma empresa de pesquisas conseguiu 2 milhões de dólares para avaliar o tratamento de água em países selecionados durante os três anos subsequentes. Isso é um exemplo de projeto.
   ( ) Projeto é um esforço temporário que entrega um produto ou serviço único, porém, em seu acompanhamento e execução, não temos ações relacionadas a desperdício de recursos.
   ( ) O Departamento de Transportes contratou uma empresa para construir uma rodovia de seis pistas entre duas cidades. Esse é um exemplo de projeto.

4. As cinco ações que fazem parte da gestão de um projeto e podem ser visualizadas em um gráfico do ciclo de vida de um projeto são:
   a) *brainstorming*, planejamento, controle, execução e encerramento.
   b) iniciação, planejamento, auditoria, execução e encerramento.
   c) iniciação, planejamento, controle, intraevento e encerramento.
   d) iniciação, planejamento, controle, execução e encerramento.
   e) iniciação, canvas, controle, execução e encerramento.

5. Na gestão de um projeto, há cinco fases bem definidas: iniciação, planejamento, controle, execução e encerramento. Entre todas as fases, a de monitoramento e controle é a de maior duração. Explique a importância dessa ação e por que ela tem a maior duração.

Para saber mais

Instituto de Gerenciamento de Projetos

Umas das instituições mais reconhecidas na área de projetos e que certifica gestores de projetos é o *Project Management Institute* (PMI), ou Instituto de Gerenciamento de Projetos. A organização também é responsável pelo PMBOK e oferece muitas informações sobre gerenciamento de projetos e eventos da área.

PMI – Project Management Institute. Disponível em: <https://brasil.pmi.org/>. Acesso em: 15 abr. 2019.

Blog PB – Project Builder

O *blog* disponibiliza matérias sobre a gestão de projetos e uma série de *e-books* que podem ajudar bastante no aprofundamento dos conceitos a respeito do tema.

PROJECT BUILDER. Disponível em: <www.projectbuilder.com.br/blog/>. Acesso em: 21 jan. 2019.

Runrun.it

Por fim, indicamos um *blog* que tem como proposta facilitar a gestão e as tarefas do dia a dia. Assim, essa fonte poderá ser usada não apenas em gestão de projetos, mas em outros assuntos ligados à gestão. Sugerimos a leitura do texto "Guia para descomplicar a gestão de projetos". O artigo quebra o paradigma de que gestão de projetos é algo complexo e trabalhoso e mostra alguns atalhos para facilitar a tarefa.

MATOS, J. Guia para descomplicar a gestão de projetos. **Runrun.it**. Disponível em: <https://blog.runrun.it/guia-gestao-de-projetos/>. Acesso em: 21 jan. 2019.

3 Contexto da captação de recursos

Conteúdos do capítulo:

- » Captação.
- » Financiamento.
- » *Fundraising*.
- » Recursos.
- » Leis.

Após o estudo deste capítulo, você será capaz de:

1. compreender os conceitos e o contexto que envolvem a captação de recursos;
2. refletir sobre captação para ter um maior envolvimento com o tema;
3. definir captação de recursos ou *fundraising*.

Neste capítulo, trataremos dos recursos públicos e privados e das diversas fontes de captação de recursos, levando em consideração que cada projeto terá objetivos e um público-alvo específicos. Assim, aprofundaremo-nos nas fontes de captação de recursos e em como devemos trabalhar com cada uma delas.

Segundo Pereira (2001), precisamos saber por que as pessoas contribuem. Se fizermos uma rápida reflexão, perceberemos que, em toda doação, de pessoa física ou jurídica, teremos um ser humano (uma pessoa) tomando uma decisão. Assim, o autor propõe algumas questões para reflexão:

> Receber retorno financeiro, pessoal ou institucional é um fator que pode levar uma pessoa a fazer uma doação?
>
> Conhecer o tipo de instituição, sua atuação e seus dirigentes é fator decisivo para uma doação?
>
> Saber como a instituição aplica seus recursos e receber informações sobre essas aplicações constitui estímulo para doar?
>
> A forma como a causa ou projeto é apresentada é fator significativo para levar uma pessoa a fazer uma doação?
>
> Quais são as causas que mais sensibilizam as pessoas?
>
> Quais são os motivos pelos quais as pessoas não doam? (Pereira, 2001, p. 28)

Para Gorini e Torres (2015, p. 75), captar trata-se de "definir com clareza por que captar recursos e como empregá-los, [...] escolhendo o tipo de recurso a ser captado, identificando os alvos preferenciais de abordagem".

Por fim, Heyman e Brenner (2017, p. 27) fazem a seguinte pergunta, levando em consideração que faremos um plano para captação de recursos: "Quanto dinheiro você quer captar; e de quem/onde você pretende captar?".

Todas essas questões apresentam muitos aspectos similares e nos levam a reflexões parecidas. Essas temáticas serão tratadas neste livro, levando-nos a perceber a importância dessas reflexões antes de começarmos um projeto para captar recursos ou para captar recursos para um projeto já existente.

Vale ressaltar que a necessidade da captação de recursos pode ter vários gatilhos, mas geralmente está ligada a projetos que promovam alguma benfeitoria para uma cidade ou comunidade (projeto social) ou para eventos e acontecimentos que promovam uma marca, um produto ou um serviço que possua valores e ideias compartilhados entre pessoas e/ou empresas.

Perguntas & respostas

Mas, afinal, de forma simples e objetiva, o que é captar recursos?

Captar recursos é conseguir dinheiro ou alguma forma de apoio que minimize ou cubra seu custo com determinada ação.

Existe diferença entre captar recursos e receber doações?

Receber doação é uma forma de captação de recursos, financeiros ou não, pois, se alguém faz uma doação, geralmente ela está atrelada a uma campanha ou à indicação de algum outro doador ou voluntário.

3.1 Contexto da captação para financiamento de projetos

Captar recursos é uma atividade que demanda tempo e energia e pode exigir ações pessoais, sociais ou profissionais. Um projeto, seja qual for sua natureza, envolve determinada quantia e ações que precisam de um tempo maior para serem executadas, ou seja, são de médio e longo prazos. Podemos considerar de curto prazo eventos menores, que geralmente envolvem um número menor de pessoas e que, na maioria das vezes, não apresentam um projeto estruturado.

Falando em captação de recursos para projetos, Gorini e Torres (2015) sugerem algumas perguntas que podem guiar essa busca por recursos e ajudar no momento de formular o projeto ou *startups* que busquem recursos para expandir ou alavancar suas atividades. A seguir, elencamos algumas perguntas direcionadoras para um projeto:

» Qual problema deverá ser resolvido?
» Quem é o público-alvo (pessoas afetadas e beneficiadas pelo projeto)?
» Qual é a história do problema ou do negócio que será alavancado?
» Qual valor o projeto gera para a sociedade ou o cliente?
» Quais indicadores de sucesso serão utilizados para medir a qualidade e o sucesso do projeto?
» Qual será o time responsável pelo projeto e quais serão as possíveis parcerias?

» Como é o setor ou o ramo de atividade no qual o projeto será desenvolvido?
» Existem concorrentes ou projetos parecidos? Por que esse projeto se diferencia?

Desta forma, com essas perguntas e as sugeridas no contexto da captação, começamos a enxergar melhor quem serão as pessoas que poderão apoiar as nossas ideias e quais empresas podem ser parceiras ou apoiadoras do projeto que será desenvolvido. Tal clareza nos ajudará quando chegarmos no momento de analisar, por exemplo, qual a melhor fonte de financiamento ou quais leis podem impactar nosso projeto.

Perguntas & respostas

Existe o momento certo para captar?

É difícil precisar o momento correto para captar, mas podemos atrelar a captação ao momento que uma ação, causa ou projeto precisa de recursos para acontecer. A captação também pode estar atrelada à saúde financeira de uma instituição e, nesse caso, não existe o momento certo, uma vez que a falta de dinheiro ou de recursos pode prejudicar uma causa ou instituição.

Só é possível captar se houver um projeto estruturado e robusto?

Sim, é possível captar sem um projeto, porém é provável que se enfrente uma maior resistência dos possíveis financiadores ou doadores, afinal, você não faria uma doação para uma causa ou ação sobre a qual tentassem lhe convencer apenas com belas palavras, sem que você pudesse ter acesso a sequer uma ação registrada.

3.2 *Fundraising*

A ideia de *fundraising* – ou captação de recursos, em português – surgiu e foi praticada primeiro nos Estados Unidos para depois chegar ao Brasil. Explorando um pouco a etimologia da palavra, *fund* significa "guardar dinheiro ou recursos", enquanto *raising* quer dizer "aumentar ou levantar" (Pereira, 2001).

Na literatura norte-americana, há diversos significados para *fundraising*, entre eles, pedir doação em espécie, esforço planejado para buscar recursos de fontes distintas e atividades cujo objetivo é respaldar financeiramente um projeto (Pereira, 2001).

Um fato curioso é que, apesar de a captação de recursos parecer um tema bastante comum para as empresas e os profissionais, é um tema pouco explorado tanto científica como profissionalmente, no caso específico do Brasil. Isso pode ser comprovado ao buscarmos fontes brasileiras ou em português sobre o tema (consulte a seção *Para saber mais* deste capítulo). Talvez isso aconteça por falta de conhecimento e de divulgação sobre essa atividade de extrema importância, principalmente para o terceiro setor.

Outro fato a se observar é que, nas empresas, é muito comum escutarmos falar de patrocínio para um evento ou uma ação de *marketing*, por exemplo. Buscar patrocínio é uma forma de captar recursos, mas a principal diferença geralmente é o fato de este oferecer uma contrapartida, e a captação (doação), não. Se considerarmos que captar recursos é uma forma de angariar apoio, financeiro ou não, podemos afirmar que captamos recursos desde pequenos, quando pensamos em estratégias para pedir dinheiro aos pais. Ou seja, captar recursos faz parte de nossa rotina, talvez não com essa nomenclatura.

Apesar de o Brasil já ter se equiparado aos Estados Unidos em muitos aspectos, com empresas e profissionais especializados em captação ou em assessoria e desenvolvimento de projetos para a captação de valores, notamos que alguns métodos de captação foram herdados dos norte-americanos, como campanha anual, campanha de fundos e doações planejadas (Pereira, 2001). E não só nos métodos, pois a captação de recursos tem origem em organizações filantrópicas, universidades e hospitais, o que é muito similar no Brasil.

Nesse contexto, é muito comum encontrar o tema captação de recursos ligado a ONGs e organizações sem fins lucrativos que de alguma forma buscam prover serviços ou bem-estar a comunidades e/ou pessoas que não são atendidas pelo Poder Público. Porém, para que os conceitos e as técnicas de captação de recursos possam fazer mais sentido e sejam pertinentes ao dia a dia dos profissionais, buscaremos traçar paralelos entre o terceiro setor e o setor privado.

Buscar patrocínio e apoio para um evento universitário, por exemplo, é uma forma de captar recursos, ou seja, é uma maneira estruturada, geralmente com planejamento e projetos que apresentam um produto ou serviço, de buscar pessoas e/ou empresas que tenham princípios e valores parecidos para que possam, de alguma forma, alavancar a ideia apresentada.

Perguntas & respostas

Fundraising é um termo novo?

Fundraising é um termo norte-americano que apresenta um significado bem amplo quando falamos de captação de recursos, ou seja, abrange várias ações se pensarmos na etimologia da palavra.

Existe um contexto específico para o uso do termo *fundraising*?

No Brasil, não usamos apenas uma palavra para exprimir a ação de captar, e sim diversos termos, como *captação*, *doação* e *arrecadação*, entre outros.

Podemos empregar o termo *fundraising* sempre que o contexto for de captação de recursos e for necessário minimizar custos ou otimizar trabalho com doações ou apoio.

No Brasil existe o *fundraising*?

Sim, no Brasil praticamos o *fundraising*, porém nomeando essas ações de forma distintas. Pedir doação, encontrar voluntários ou conseguir financiamentos são formas de praticar o *fundraising*.

3.3 Tipologia e origens de recursos

Na captação de recursos, é essencial saber onde podemos buscar recursos, ou seja, quais são os tipos e a origem/natureza do capital ou apoio disponíveis para validação e desenvolvimento dos projetos. Nesse ponto, trataremos não só de aspectos ligados a projetos sociais, mas também relacionados a *startups* e eventos que geralmente estão mais ligados ao capital privado, de pessoa física ou jurídica.

Segundo Santos et al. (2012), existem dois grandes tipos de recursos: fontes públicas e privadas. Podemos encontrar também uma outra separação de tipologia, principalmente se o foco for *startups* e empresas privadas captando recursos: recursos na forma de dívida e de investimento (*equity*). Nesse universo, teremos distintas origens para buscar recursos, cada qual com suas características; alguns com processos estruturados e públicos, outros sem um processo claramente definido ou conhecido. Para facilitar o entendimento, dividiremos em fontes públicas e privadas e trabalharemos as principais origens.

3.3.1 Fontes públicas

Na sequência, trataremos dos tipos de fontes públicas, apresentando de forma breve cada uma delas.

Financiamento a fundo perdido (subvenção)

Fundo perdido ou subvenção é um financiamento não reembolsável, ou seja, um empréstimo que não precisa ser devolvido. Esse tipo de financiamento costuma ser oferecido a empresas de desenvolvimento tecnológico, o que restringe bastante seu uso. Apesar de esse recurso não precisar ser devolvido (por isso o nome *perdido*), as agências financiadoras geralmente pedem uma prestação de contas do valor investido.

Antes de discorrer sobre a próxima fonte, vale a pena fazer um comentário para que não restem dúvidas entre recursos na forma de dívida e de investimento. Se o financiamento ou empréstimo requer pagamento em troca, na forma de valores (juros, por exemplo) ou de serviços, é uma forma de dívida. Porém, se o valor for doado ou investido, sem que seja obrigatório uma contrapartida, trata-se de um investimento ou doação.

Linha de crédito com juros subsidiados

Como o próprio nome sugere, nesse caso, alguém (um órgão público) ajuda a pagar parte dos juros. No Brasil, esse tipo de crédito é comumente oferecido pelo Banco Nacional de Desenvolvimento Econômico e Social (BNDES), subsidiado pela Secretaria do Tesouro Nacional; e pela Caixa Econômica Federal, com subsídio do governo federal. Um exemplo é o programa Minha Casa Minha Vida, que oferece moradias populares com juros mais baixos, ou seja, com subsídio.

Incentivos fiscais

Existem várias formas de incentivos fiscais e, no universo da captação de recursos, os mais comuns são aqueles que financiam um projeto social de pessoa física ou jurídica e ganham o benefício de abater de alguma forma os impostos a serem pagos sob o financiamento ou a doação. São exemplos de incentivos fiscais federais:

> » Incentivos do Programa de Apoio ao **Desenvolvimento Tecnológico da Indústria de Equipamentos para a TV Digital (PATDV)**;
> » Isenção e redução de imposto no Programa de Apoio ao **Desenvolvimento Tecnológico da Indústria de Semicondutores (PADIS)**;
> » Incentivos às **indústrias de equipamentos para TV digital e de componentes eletrônicos semicondutores, e sobre a proteção à propriedade intelectual das topografias de circuitos integrados** [...];
> » Incentivos fiscais da **lei de informática** [...];
> » Incentivos à **inovação e à pesquisa científica e tecnológica no ambiente produtivo** [...];
> » Incentivos fiscais para a **capacitação tecnológica da indústria e da agropecuária** [...];
> » Benefícios fiscais para empresas de **Tecnologia da Informação** [...]. (Endeavor Brasil, 2019, grifo do original)

Dentro das fontes públicas, há algumas formas de financiamento dedicadas exclusivamente a projetos sociais. Conforme já mencionamos nesta obra, o conceito de captação de recursos está diretamente ligado à filantropia e, portanto, a projetos sociais (Santos et al., 2012). Assim, a seguir constam as duas fontes de financiamento que serão abordadas:

Projetos apresentados por demanda espontânea

Nessa modalidade, os projetos devem ser apresentados em períodos específicos do ano, conforme calendário da fonte financiadora. Geralmente, essas fontes disponibilizam um calendário anual para envio dos projetos. Muitas dessas informações estão no Portal de Convênios do Ministério do Planejamento, Desenvolvimento e Gestão (Disponível em: <http://portal.convenios.gov.br/>. Acesso em: 22 jan. 2019).

Projetos apresentados por demanda induzida

São aqueles que devem ser apresentados conforme instrumentos convocatórios específicos, ou seja, sempre vão apresentar tema, prazos e regiões ou trabalhos específicos. Informações também podem ser checadas no Portal de Convênios.

Ao optar por fontes públicas, geralmente temos processos mais estruturados, em virtude da prestação de contas exigida e das regras e leis a serem seguidas, o que pode, em alguns casos, gerar certa burocracia na aprovação e no desenrolar do financiamento. Porém, isso não significa que optar por fontes privadas irá nos ausentar de burocracia, regras e processos morosos.

3.3.2 Fontes privadas

Elencamos a seguir, de forma breve, os tipos de fontes de captação privadas.

Family, Friends and Fans – FFF (Família, Amigos e Fãs)

Muito comum no universo privado, principalmente quando falamos em eventos particulares, empreendedores e *startups*. Por ser muito utilizada, é uma modalidade que oferece risco alto por causa da informalidade. É comum que sejam feitas captações de recursos com esses sujeitos, porém dificilmente encontraremos uma contrapartida documental, como contrato, acordo, taxa de juros ou garantias.

    É comum que familiares e amigos emprestem dinheiro, inclusive por meio de um empréstimo formal, com contrato e juros. Porém, você pode estar se perguntando quem é esse fã que faz empréstimos e, muitas vezes, sem garantia? Por mais incomum que pareça, existem pessoas sem vínculo familiar que resolvem apoiar uma ideia ou um projeto por se identificarem com a temática ou, em alguns casos, por acreditar no potencial da pessoa que busca os recursos. Se buscarmos o significado da palavra *fã*, encontraremos algo como "demonstrar grande interesse por alguém".

Doação

Tem como prerrogativa que os valores não precisam ser devolvidos, pelo menos não na forma de dinheiro. Assim, há três modalidades de doação: *simples* ou *pura*, na qual não existe contrapartida, ou seja, os valores são doados sem a expectativa de que algum benefício seja oferecido; *com encargo*, em que existe alguma forma de contrapartida, de maneira geral não relacionada à espécie ($); e de *fundações e institutos empresariais*, que poderia ser chamado de *investimento*, já que esses órgãos acompanham o desenrolar do projeto, inclusive como os valores são gastos, e exigem contrapartida e prestação de contas do valor investido.

Financiamento coletivo (*crowdfunding*)

Prática que começa a ganhar corpo no Brasil, consiste em uma forma de investimento em que são necessárias três partes: uma pessoa ou empresa com um projeto que necessite de investimento; uma plataforma que faça a intermediação entre essa pessoa ou empresa e os possíveis investidores (vale ressaltar que esse ator é remunerado para fazer a intermediação); e investidores que tenham capital disponível para investimento, em alguns momentos com retorno a longo prazo.

Vale ressaltar que existem doações em forma de *crowdfunding*, ou seja, a pessoa ou empresa usa a plataforma e recebe doações de pessoas – prática comum, por exemplo, para tratar doenças raras de pessoas que não tenham condições de arcar com esses custos. Por isso, é comum encontrarmos o termo *peer-to-peer lending* (P2P), que, em português, seria algo como "empréstimo de pessoas a pessoa", quando se trata de empréstimo na forma de dívida. Indo além, podemos inferir que o *crowdfunding* é uma boa opção para empréstimos formalizados e pode resolver um dos maiores problemas quando falamos da categoria FFF (Gorini; Torres, 2015).

Instituições microfinanceiras (IMF)

Nessa categoria temos as Organizações da Sociedade Civil de Interesse Público (Oscip), entidades privadas que atuam no setor público e, em virtude desse enquadramento jurídico, têm acesso mais facilitado a convênios e parcerias com órgãos públicos em âmbito federal, estadual e municipal. Além disso, quando recebem doações de empresas privadas, estas podem deduzir as doações no Imposto de Renda. Por fazerem parte do terceiro setor, geralmente apresentam características de empresas de pequeno porte.

Além das Oscip, existem as Sociedades de Crédito ao Micro e Pequeno Empreendedor (SCMPEs), que concedem crédito (financiamento) a pessoas físicas, desde que estas tenham como objetivo empreendimentos profissionais, comerciais e industriais. Micro e pequenas empresas também têm acesso a esse tipo de crédito. São valores pequenos, se comparados a empréstimos ou financiamentos bancários, para empresas já constituídas e com histórico de crédito no mercado. As SCMPEs têm a cobertura do Banco Central, que separa parte de suas reservas para o microcrédito (Gorini; Torres, 2015).

Factoring (desconto de títulos)

É a fonte de crédito mais utilizada por empresas já constituídas, pois depende de algum crédito para ser descontado. A empresa ou pessoa física que possui um vencimento futuro, ou seja, um valor a receber, vende esse direito de recebimento a uma *factoring*. Esta, por sua vez, compra os direitos por um valor menor do que o real. Em outras palavras, a *factoring* compra recebíveis, por exemplo, de R$ 100,00, mas paga apenas R$ 80,00. Essa diferença pode ser considerada a taxa para que os recebíveis sejam antecipados.

Esse procedimento era muito comum quando o uso da folha de cheque era recorrente e muitas empresas ou pessoas preferiam receber antecipado o valor dos cheques pré-datados, mesmo com o desconto dessa taxa.

Bancos comerciais e de fomento

Os bancos comerciais provavelmente são a origem mais onerosa de recursos, afinal, cobram garantias altas (em forma de juros, por exemplo) para se blindar contra possíveis inadimplências. É comum ver no noticiário que o cheque especial e os cartões de crédito apresentam os juros mais altos do mercado, pois essa é a forma que os bancos encontram para compensar os inadimplentes. Já os bancos de fomento financiam com juros subsidiados, o que faz com que as empresas em desenvolvimento ou menores tenham a chance de competir na economia em que estão inseridas. No Brasil, o mais conhecido é o BNDES.

Organismos multilaterais

São organizações que atuam internacionalmente. As principais e mais conhecidas nessa categoria são o Fundo Monetário Internacional (FMI), o Banco Interamericano de Desenvolvimento (BID) e o Banco Mundial. Os recursos dessas organizações são empregados quase essencialmente no setor de infraestrutura pública. Porém, também começam a ganhar corpo as operações no setor privado (Gorini; Torres, 2015).

De maneira geral, até aqui tivemos contato com as origens de recursos que podem ser captados por meio da aquisição de dívidas, com exceção da doação simples – aqui usamos o termo *dívida* como alguma forma de contrapartida, mesmo que não seja em espécie, isto é, dinheiro. Adiante, veremos algumas origens de recursos consideradas investimento (*equity*) e que comumente financiam empreendedores e seus projetos. Lembrando que o FFF e o *crowdfunding* também podem ser utilizados sem necessariamente gerar dívida.

Incubadoras

Muito comuns em espaços universitários nos quais diversas empresas ou projetos compartilham uma mesma estrutura, de modo que os custos são diluídos. O maior ganho, porém, não é o financeiro, e sim a troca de informações e experiências entre as pessoas que trabalham nesse espaço (Gorini; Torres, 2015). Apesar de o modelo aparecer em universidades, notamos um interesse maior das empresas em apoiar o movimento. O Google, por exemplo, oferece um espaço para que empreendedores possam trabalhar sem ter de pagar um aluguel pelo espaço.

Um exemplo no contexto de captação de recursos é o trabalho desenvolvido pelo *site* Captamos (www.captamos.org.br). O projeto está incubado na Associação Brasileira de Captadores de Recursos (ABCR) e seu principal objetivo é fomentar novos projetos ligados à temática da captação de recursos.

Aceleradoras

São empresas que funcionam como uma espécie de gasolina aditivada ou o turbo em um carro, ou seja, um projeto específico pode receber recursos de uma empresa para que o gestor desenvolva o produto ou serviço de maneira mais rápida. É muito comum que o gestor receba mentoria de gestores mais experientes com empresas consolidadas. A ideia do *mentoring* é que um gestor que já passou por problemas e enfrentou dificuldades mostre alguns atalhos ao novo gestor.

Investidores-anjo

Um exemplo prático é um programa de TV chamado *Shark Tank Brasil* (você pode acessar alguns episódios no YouTube), modelo adaptado dos Estados Unidos no qual grandes empresários de alto poder aquisitivo assistem à apresentação de negócios e decidem por investir ou não em determinada ideia, empresa ou projeto. Na prática, funciona da mesma forma. Geralmente, empreendedores ou captadores buscam pessoas que tenham alto poder aquisitivo e ideias similares às do projeto e que, além de investir, usem sua *expertise* e também ensinem essas pessoas a melhorar o projeto.

Fundos de investimento

Com funcionamento muito parecido aos anteriores, parte da empresa ou do lucro do projeto são oferecidos em troca de investimento. Esse foi um movimento recente pelo qual as empresas de aplicativos de mobilidade urbana passaram. O projeto mostrou-se rentável e com alto poder de expansão no Brasil. Assim, empresas estrangeiras, principalmente chinesas, identificaram uma oportunidade de investimento, porém, em troca, exigiram parte da empresa ou até mesmo seu controle para que o investimento fosse efetivado.

Perguntas & respostas

Com tantas fontes de financiamento, públicas ou privadas, eu realmente preciso conhecer todas?

Esta é uma pergunta bastante interessantes e muito comum. Sim, é importante que o captador conheça todas essas fontes para definir qual será a melhor fonte a ser usada em determinado projeto e quais devem ser evitadas de acordo com as características presentes na ação ou no projeto.

Existe uma fonte melhor e uma pior?

Não existe fonte pior ou melhor. Essa qualificação sempre será feita de acordo com o projeto e com os captores que estiverem responsáveis por ele.

3.4 Legislação pertinente às fontes públicas

A captação de recursos nasce da observação de que as pessoas doam recursos para que pessoas ou empresas possam cumprir um papel que o Poder Público não tem cumprido. Soma-se a isso o fato de a captação também ter origem na filantropia, isto é, ações que ajudam ao próximo.

Assim, no Brasil, as primeiras leis ligadas à captação de recursos surgiram na década de 1990. Na sequência elencamos cada uma delas.

3.4.1 Lei Rouanet (Lei Federal de Incentivo à Cultura n. 8.313/1991)

A Lei n. 8.313, de 23 de dezembro de 1991 (Brasil, 1991b), conhecida como *Lei Rouanet*, visa estimular doações e patrocínios a eventos e projetos culturais. Seu principal benefício está ligado ao abatimento fiscal para as empresas que fazem a doação. Além da lei citada, há outras legislações nesse contexto, como o Decreto n. 5.761, de 27 de abril de 2006 (Brasil, 2006), que regulamenta a Lei Rouanet e, de maneira objetiva, ajusta a utilização dos benefícios fiscais e corrige algumas distorções; a Portaria n. 83, de 8 de setembro de 2011, que em seu art. 1º "define regras de classificação e distribuição dos projetos ou produtos culturais" (Brasil, 2011); e a Instrução Normativa n. 5, de 26 de dezembro de 2017 (Brasil, 2017c), relacionada à prestação de contas e avaliação dos projetos culturais.

As doações e os patrocínios são destinados a "projetos culturais: teatro, dança, literatura, artes circenses, artes plásticas, artes gráficas, gravuras, cartazes, filatelia, folclore e artesanato, rádio e televisão educativos e culturais de caráter não comercial, cultura negra e indígena" (Pereira, 2001).

3.4.2 Lei do Audiovisual (Lei Federal n. 8.685/1993)

A Lei do Audiovisual – Lei n. 8.685, de 20 de julho de 1993 (Brasil, 1993b) – permite que empresas que investem em filmes em produção possam abater um percentual estipulado por ano de parte do valor investido no Imposto de Renda. As principais legislações ligadas a esse contexto são a Medida Provisória n. 2.228/2001, que versa principalmente sobre

> a Política Nacional do Cinema, cria o Conselho Superior do Cinema e a Agência Nacional do Cinema – ANCINE, institui o Programa de Apoio ao Desenvolvimento do Cinema Nacional – PRODECINE, autoriza a criação de Fundos de Financiamento da Indústria Cinematográfica Nacional – FUNCINES. (Brasil, 2001b)

A Medida Provisória n. 2.228/2001 foi alterada pela Lei n. 13.196, de 1º de dezembro de 2015 (Brasil, 2015a), cujo propósito é versar sobre a

> Contribuição para o Desenvolvimento da Indústria Cinematográfica Nacional (Condecine) e prorrogar a vigência de incentivo fiscal no âmbito dos Fundos de Financiamento da Indústria Cinematográfica Nacional (Funcines). (Brasil, 2015a)

Cabe mencionar também o Decreto n. 8.281, de 1º de julho de 2014 (Brasil, 2014a), que, entre outras disposições, cria o Prêmio Brasil Audiovisual.

Esse incentivo patrocina "peças de teatro, *shows*, publicação de livros, exposições circulantes de artes plásticas e acervos para bibliotecas e museus, projetos de música popular, danças, exposições de fotografia" (Pereira, 2001). Vale ressaltar que, apesar de, em um primeiro momento, não parecer ter uma relação com o mundo corporativo, é possível, por exemplo, que uma empresa queira viabilizar a publicação de um livro e busque esse tipo de captação.

3.4.3 Lei sobre Convênios de Informática com Entidades de Ensino (Lei Federal n. 8.248/1991)

De maneira simplificada, a Lei n. 8.248, de 23 de outubro de 1991 (Brasil, 1991a) determina que "no mínimo 2% do faturamento das empresas de informática deverão ser aplicados em convênios com centros ou institutos de pesquisas ou entidades brasileiras de ensino" (Pereira, 2001, p. 67). Ela foi alterada pela Lei n. 10.176, de 11 de janeiro de 2001, que inclui "a capacitação e competitividade do setor de tecnologia da informação" (Brasil, 2001a).

Outros dois movimentos legislativos referentes a esse tema são a Lei n. 13.023, de 8 de agosto de 2014, que prorroga o "prazo dos benefícios fiscais para a capacitação do setor de tecnologia da informação" (Brasil, 2014b) e a Medida Provisória n. 810, de 8 de dezembro de 2017 (Brasil, 2017b), convertida na Lei n. 13.674, de 11 de junho de 2018, que muda o prazo de três para quarenta e oito meses para as empresas brasileiras de informática, beneficiadas com incentivos fiscais associados a investimentos em pesquisa e desenvolvimento (P&D), reinvestirem valores pendentes (Brasil, 2018, art 3°, § 2°).

3.4.4 Lei das Licitações (Lei Federal n. 8.666/1993)

A Lei n. 8.666, de 21 de junho de 1993 (Brasil, 1993a) visa normatizar a qualificação técnica dos fornecedores de determinado produto ou serviço, qual será o papel dos participantes dessa licitação, sua abrangência e a real necessidade da contratação do que será licitado, sempre levando em consideração aspectos pertinentes ao órgão que está licitando (Santos et al., 2012). Vale ressaltar a Lei n. 13.243, de 11 de janeiro de 2016, que trata de "estímulos ao desenvolvimento científico, à pesquisa, à capacitação científica e tecnológica e à inovação" (Brasil, 2016).

3.4.5 Lei dos Convênios com a Administração Pública (Lei n. 13.204/2015)

Mais simples do que explicar a Lei n. 13.204, de 14 de dezembro de 2015, é atentar ao que ela rege:

> estabelece o regime jurídico das parcerias voluntárias, envolvendo ou não transferências de recursos financeiros, entre a administração pública e as organizações da sociedade civil, em regime de mútua cooperação, para a consecução de finalidades de interesse público; define diretrizes para a política de fomento e de colaboração com organizações da sociedade civil; institui o termo de colaboração e o termo de fomento. (Brasil, 2015b)

Ou seja, essa lei regula a interação entre o Poder Público e a sociedade civil de maneira geral.

3.4.6 Lei de Responsabilidade Fiscal (Lei Complementar n. 101/2000)

A Lei Complementar n. 101, de 4 de maio de 2000, a Lei de Responsabilidade Fiscal, "Estabelece normas de finanças públicas voltadas para a responsabilidade na gestão fiscal" (Brasil, 2000). Essa lei busca um equilíbrio das contas públicas e foi influenciada pela realidade de outros países e pelo Fundo Monetário Internacional (FMI).

3.4.7 Lei de Diretrizes Orçamentárias – LDO (Lei n. 13.473/2017)

A Lei n. 13.473, de 8 de agosto de 2017, "Dispõe sobre as diretrizes para a elaboração e execução da Lei Orçamentária de 2018" (Brasil, 2017a). Essa lei é válida por um ano, ou seja, no ano corrente sempre será feita a Diretriz Orçamentária do ano seguinte. A LDO define quais serão as prioridades do governo para o ano seguinte sem deixar de lado a gestão tributária.

Além das leis citadas aqui, existem outras legislações, sobretudo de incentivos fiscais. Assim, apresentamos a seguir um quadro que reúne as principais leis de incentivo, segundo a Federação do Comércio de Bens, Serviços e Turismo (Fecomercio) (Cartilha..., 2015).

Tabela 3.1 – Leis brasileiras de incentivo fiscal

Legislação	Tributo	Público/Área de atuação	Dedução máxima
Fundo Municipal da Criança e Adolescente (Fumcad)	IR	Criança e adolescente: educação e saúde	100%
Fundo Nacional do Idoso	IR	Idosos: saúde	100%
Lei Federal de Incentivo ao Esporte	IR	Esporte	100%
Lei Mendonça	ISS e IPTU	Cultura	70%
Lei Paulista de Incentivo ao Esporte	ICMS	Esporte	100%
Programa de Ação Cultural (ProAc)	ICMS	Cultura	100%
Programa Nacional de Apoio à Atenção da Saúde da Pessoa com Deficiência (Pronas/PCD)	IR	Saúde	100%

(continua)

(Tabela 3.1 – conclusão)

Legislação	Tributo	Público/Área de atuação	Dedução máxima
Programa Nacional de Apoio à Atenção Oncológica (Pronon)	IR	Saúde	100%
Vale-Cultura	IR	Funcionário: cultura	100%

Fonte: Elaborado com base em Cartilha..., 2015, p. 25.

Siglas:
IR: Imposto de Renda
ISS: Imposto sobre Serviços
IPTU: Imposto Predial e Territorial Urbano
ICMS: Imposto sobre Circulação de Mercadorias e Serviços

Perguntas & respostas

Leis geralmente são complexas e dificilmente deveremos seguir apenas uma delas, afinal, as leis se complementam e se atualizam. Assim, qual é a real necessidade de conhecer essas leis?

Realmente, as leis apresentam textos mais técnicos, o que, em muitas ocasiões, torna seu entendimento mais complexo. Porém, é necessário conhecer ao menos as principais leis relacionadas à captação de recursos para ter certeza de que estamos seguindo as principais diretrizes aplicadas ao projeto. Assim, as duas perguntas têm uma resposta única: é importante conhecer as leis e suas aplicações para segui-las quando aplicável e evitar o risco de punição por não estar de acordo com as diretrizes aplicadas ao projeto ou ação.

Qual é o risco de não seguir uma lei que se aplica ao projeto que estamos gerenciando?

A Associação Brasileira de Captadores de Recursos (ABCR) frisa que antes do código de ética específico dos profissionais estão as leis pertinentes e aplicáveis aos projetos. Assim, é de responsabilidade do captador checar quais leis são aplicáveis.

Síntese

Neste capítulo, refletimos sobre o contexto de captação e a captação de projetos, identificando por que as pessoas doam e o que devemos saber para organizar um projeto. Identificamos qual tipo de recurso será utilizado, se público ou privado, e quais das origens estudadas melhor se encaixa ao perfil do projeto.

Compreendemos brevemente quais leis apresentam relação com projetos de captação. Aquelas que podem ser utilizadas foram exploradas e, no caso da legislação de incentivo fiscal, foram mencionadas as principais. Conhecer a legislação pode nos ajudar a trabalhar em áreas e projetos diversos.

Antes, entendemos o planejamento e a organização de eventos e a gestão de um projeto. Com este capítulo, já temos a possibilidade de pensar em um projeto voltado para a captação de recursos, agora que exploramos o contexto, as principais origens de recursos e a legislação pertinente à captação de recursos.

Questões para revisão

1. Associe corretamente:
   I) Financiamento coletivo (c*rowdfunding*).
   II) Projetos apresentados por demanda espontânea.
   III) Desconto de títulos (*factoring*).
   IV) Financiamento a fundo perdido (subvenção).
   V) Incubadoras.
   VI) Lei de Responsabilidade Fiscal (Lei Complementar n. 101/2000).
   VII) Lei Rouanet (Lei Federal de Incentivo à Cultura n. 8.313/1991).
   VIII) Projetos apresentados por demanda induzida.

   ( ) A empresa ou pessoa física que possui um vencimento futuro, ou seja, um valor a receber, vende esse direito de recebimento e a compradora, por sua vez, os compra por um valor menor que o real.
   ( ) São apresentados conforme instrumentos convocatórios específicos, ou seja, sempre vão apresentar tema, prazos e regiões ou trabalhos específicos.
   ( ) Diversas empresas ou projetos compartilham uma mesma estrutura, de modo que os custos são diluídos. Porém, o maior ganho não é o financeiro, e sim a troca de informações e experiências entre as pessoas que trabalham nesse espaço.
   ( ) Seu principal benefício está ligado ao abatimento fiscal para as empresas que fazem a doação.

( ) São apresentados em períodos específicos do ano, conforme calendário da fonte financiadora.

( ) Forma de investimento em que são necessárias três partes: uma pessoa ou empresa com um projeto que necessite de investimento; uma plataforma que faça o intermédio; e investidores que tenham capital disponível para investimento.

( ) Financiamento não reembolsável, ou seja, é um empréstimo que não precisa ser devolvido.

( ) Preza pelas regras de finanças públicas, principalmente as ligadas à responsabilidade na gestão fiscal.

2. Você atende a uma ligação de uma pessoa que recebeu uma indicação de seu trabalho por conta dos ótimos projetos que você realizou. Durante a conversa, a pessoa explica que pretende promover o folclore existente no Brasil, pois avalia que poucas pessoas têm contato com o assunto, ainda pouco explorado. Durante a conversa, ela pergunta a você se será possível utilizar alguma lei de incentivo. Qual seria sua resposta?

3. A ideia de *fundraising* surgiu e foi praticada primeiro nos Estados Unidos para depois chegar ao Brasil. Explorando um pouco a etimologia da palavra, *fund* pode ser traduzido como "guardar dinheiro ou recursos", enquanto *raising* quer dizer "aumentar ou levantar". Assim, *fundraising* significa:
a) Pedir doação sem um fim específico.
b) Pedir doação em espécie; planejamento de festas e eventos universitários, sem cunho social.

c) Pedir doação em espécie; esforço planejado para buscar recursos de fontes distintas e atividades cujo objetivo seja arrecadar dinheiro, sem uso ou fim específico.
d) Esforço planejado para respaldar financeiramente um projeto pessoal.
e) Pedir doação em espécie; esforço planejado para buscar recursos de fontes distintas e atividades cujo objetivo seja respaldar financeiramente um projeto.

4. "Visa estimular doações e patrocínios a eventos e projetos culturais. Seu principal benefício está ligado ao abatimento fiscal para quem faz a doação".

O texto anterior faz parte de uma das leis que podem ajudar o captador de recursos em projetos específicos. Trata-se da:

a) Lei de Responsabilidade Fiscal (Lei complementar n. 101/2000).
b) Lei de Diretrizes Orçamentárias (Lei n. 13.473/2017).
c) Lei Rouanet (Lei Federal de Incentivo à Cultura n. 8.313/1991).
d) Lei das Licitações (Lei Federal n. 8.666/1993).
e) Lei sobre Convênios de Informática com Entidades de Ensino (Lei Federal n. 8.248/1991).

5. A doação é uma importante forma de captar recursos para projetos. Cite e explique os três tipos de doações possíveis.

Para saber mais

Captamos

O *site* Captamos é um espaço *on-line* criado para compartilhar notícias sobre o tema, além de conhecimento e treinamentos. É um projeto que vista expandir e divulgar a captação de recursos e tudo o que dela faz parte. Vale acessar e acompanhar as notícias sobre o tema.

CAPTAMOS. Disponível em: <www.captamos.org.br>. Acesso em: 23 jan. 2019.

Gife

O Grupo de Institutos, Fundações e Empresas (Gife) é a associação dos investidores sociais do Brasil, sejam eles institutos, fundações ou empresas. Nascido como grupo informal em 1989, foi instituído como organização sem fins lucrativos em 1995. Desde então, tornou-se referência no país no tema do investimento social privado. Empresas como Grupo Fleury, Intel, Microsoft e TV Globo são algumas das 137 associadas. O foco da associação é aprimorar o investimento social no Brasil.

GIFE – Grupo de Institutos, Fundações e Empresas. Disponível em: <www.gife.org.br>. Acesso em: 23 jan. 2019.

Lei Rouanet

Incentivo cada vez mais utilizado para projetos e eventos culturais, a Lei Rouanet ganhou um *site* próprio, no qual é possível conhecer o que é a lei e tudo o que é necessário para ser eletivo ao benefício. O *site* é bastante intuitivo e moderno e poderá ajudar as pessoas que ainda não conhecem ou precisam sanar alguma dúvida sobre essa lei.

PORTAL DA LEI ROUANET. Disponível em: <http://rouanet.cultura.gov.br/>. Acesso em: 23 jan. 2019.

Fecomercio

Este material da Fecomercio poderá auxiliar na questão de leis de incentivo fiscal.

CARTILHA sobre uso de incentivos fiscais 2015. Fecomércio, 2015. Disponível em: <www.fecomercio.com.br/upload/_v1/2015-07-30/13544.pdf>. Acesso em: 23 jan. 2019.

Por existirem muitas leis neste contexto no Brasil e por seguirem rotinas e burocracias diversas, é sempre válido ter à disposição materiais que simplifiquem o dia a dia, principalmente quando envolvem assuntos mais densos como legislação.

4 Plano de captação de recursos

Conteúdos do capítulo:

- » Plano ou projeto do captador.
- » Competências.
- » Habilidades.
- » Atitudes.
- » Doadores.
- » Financiadores.

Após o estudo deste capítulo, você será capaz de:

1. estruturar um plano de captação de recursos focando no cenário previsto, nos recursos financeiros necessários e disponíveis e em todos os processos pertinentes para o planejamento, a organização e a execução do plano;
2. elencar competências para a formação de uma equipe que possa alavancar o plano e as abordagens a possíveis doadores e financiadores;
3. construir uma lista de abordagem dos possíveis doadores e financiadores utilizando algumas ferramentas específicas e estruturar um banco de dados usual e confiável para a tarefa;
4. indicar algumas técnicas para que a lista de doadores seja útil e efetiva e utilizar o *customer relationship management* (CRM) para gerenciar as informações coletadas dessas pessoas ou empresas.

Após entender a mecânica de um evento, um dos acontecimentos que mais exige captação de recursos em se tratando de pessoa física e jurídica, além da gestão de um projeto, podemos de fato começar a desenvolver nosso plano ou projeto de captação. Apesar de plano de captação ter um conceito parecido com o de gestão de projetos, analisaremos as ideias de Andrea McManu, presidente da consultoria para organizações do terceiro setor do *The Development Group* (Heyman; Brenner, 2017), que tem como foco o cenário (tamanho do projeto), o financeiro (quanto de dinheiro é necessário), o processo (rotinas necessárias para a captação) e o engajamento ou, nas palavras da autora, manter a chama acesa.

4.1 Estrutura do plano de captação

Vejamos, a seguir, os principais aspectos que devem ser contemplados em um plano de captação de recursos.

4.1.1 Cenário

O tamanho do projeto dependerá do valor que será captado. Assim, o ideal é que os objetivos do plano sejam realistas e estejam de acordo com os custos levantados. É importante que as metas sejam tangíveis e possam inspirar as pessoas que participarão da captação.

Busque sempre diversas fontes de recursos, financeiros ou não, pois problemas podem ocorrem e uma das fontes pode parar de apoiar o projeto ou deixar de existir. Por fim, tente planejar como serão abordadas essas diferentes fontes, de maneira amigável, mas, ao mesmo tempo, efetiva.

4.1.2 Financeiro

Agora, precisamos fazer um exercício futuro, ou seja, pensar em todo o dinheiro que será gasto para que possamos desenvolver nosso orçamento e nosso planejamento financeiro. Alguns aspectos que devem ser considerados são o tempo que cada funcionário ou parceiro irá trabalhar, quais serão suas atividades e quanto isso custará. Com esse levantamento, devemos fazer a alocação dessas atividades e pensar nos benefícios que serão oferecidos, no aluguel de um espaço, nos custos para mantê-lo e em tudo o que possa representar um gasto para o projeto.

Ainda não estamos estimando os valores necessários para o projeto em si, e sim conhecendo qual será nosso custo nesse processo de captação de recursos. Uma boa dica é utilizar uma planilha eletrônica ou um *software* específico para projetos, como o MS Project, um dos mais usados para esse fim.

4.1.3 Processo

Para que tenhamos sucesso em nosso plano de captação de recursos, é importante mapear os processos específicos que nosso plano seguirá. Nesse momento, se você tem uma equipe ou realizará uma captação para uma empresa, todos os envolvidos devem praticar a fim de criar de fato um processo que tenha sinergia e funcione em todas as suas camadas. Para tal, dividiremos este item em seis processos importantes para a captação, a saber:

1. **Ambiente** – Deve-se considerar o ambiente de modo geral, ou seja, o impacto que esse projeto causará. Podemos pensar nos *stakeholders* presentes nesse projeto, o que ajudará a entender as necessidades internas, como equipe, tecnologia, recursos e espaço externo, e as necessidades externas, como *benchmark*, melhores práticas e realidade da captação para a área do projeto em específico.
2. **Doadores** – Caso já exista uma base de doadores, é importante fazer uma ativação desses contatos, ou seja, buscar informações, principalmente para poder contar com as doações dessas pessoas e empresas. Caso não existam doadores prévios, esse é o momento de pensar em quem será abordado e como isso será feito, sempre traçando um paralelo entre o valor necessário e as fontes e os doadores que serão abordados.
3. **Metas** – Apesar de as metas estarem ligadas a questões financeiras e operacionais do projeto, é importante fazer um *brainstorming* sobre outros temas que impactarão nos aspectos financeiros, como buscar apenas doadores pessoa física, usar uma rede social para campanhas ou captação e investigar de que modo engajar a equipe constantemente.
4. **Objetivos e tática** – Esses itens são cruciais para o sucesso da captação, pois precisamos traçar o que precisa ser feito para buscar os grandes objetivos do projeto. E, para que de fato consigamos alcançá-los, é necessário estipular a tática que será utilizada, ou seja, quais caminhos permitirão que consigamos alcançar o objetivo. Perguntas como "Quem?", "O quê?", "Quando?", "Onde?" e "Como?" podem ajudar nessas definições.

5. **Orçamento** – Aqui, de fato vamos orçar tudo o que será necessário para executar o projeto: *softwares*, materiais de escritório, viagens e materiais específicos, ou seja, tudo o que terá custo e exigirá que seja desembolsado dinheiro.
6. **Documento/plano/planejamento/projeto** – Para facilitar o entendimento, observe o quadro a seguir, que simula a documentação simples de um plano de captação.

Quadro 4.1 – Plano de expansão de captação de recursos

Meta	Desenvolver uma área de captação de recursos para que a empresa possa realizar mais eventos ligados à sustentabilidade e à responsabilidade social
Objetivo	Montar uma equipe de captação de recursos
Estratégia I	Contratar uma consultoria. Responsável: Diretor de pessoas. Prazo: 15/01/2018
Estratégia II	Treinar voluntários para que possam auxiliar na captação. Responsável: Consultores de RH. Prazo: 15/01/2018

Fonte: Elaborado com base em Heyman; Brenner, 2017.

Todos esses processos de planejamento e documentação também estão presentes na gestão de projetos. Aqui, estamos apenas simplificando para que fiquem mais fáceis o entendimento e a iniciação de um *brainstorming* ou planejamento para a captação de recursos.

4.1.4 Manter a chama acesa

Após passar por todas as etapas, mesmo sendo um projeto pequeno e com valores baixos de captação, muita energia e tempo foi gasto. Assim, é essencial que esse plano ou projeto seja vivo, isto é, adapte-se aos acontecimentos e às possíveis correções de curso necessárias (possíveis riscos). É importante que as pessoas sejam envolvidas para que se sintam parte do projeto e tenham certeza do quão relevante é a contribuição delas para alcançar o objetivo final e entregar o projeto com qualidade.

Perguntas & respostas

O plano de captação de recursos é mais importante que o projeto de captação em si?

O plano de captação faz parte do projeto, pois o projeto inclui mais itens do que apenas a captação, como ações, fornecedores e itens necessários. O plano de captação constitui um documento ou raciocínio focado em obter os recursos necessários para a realização do projeto.

Pode-se criar um plano de captação sem um projeto desenhado, ou seja, o plano de captação pode servir como exercício antes da idealização do projeto ou ser uma diretriz quando estamos captando poucos recursos para ações mais simples ou bastante pontuais.

4.2 Competências do captador

Para que possamos identificar quais competências precisamos buscar em um captador de recursos, é necessário entender quem é o captador de recursos e seu conceito (macro) de competências para, depois, listar as competências buscadas no profissional desse seguimento.

Segundo Vergueiro (2013), "originário do que em inglês se chama *fundraiser* ou 'levantador de fundos', o captador de recursos é o profissional responsável por garantir a sustentabilidade das organizações, justamente porque trabalha por garantir as receitas delas, as suas doações". Esse profissional é capaz de manter uma boa rede de relacionamentos para que seja possível acessar diversas pessoas e empresas na busca de recursos.

Para que possamos estudar as competências pertinentes a esse profissional, faremos uma breve reflexão sobre o que é *competência*. Segundo Camargo (2017), o conceito de competência está relacionado a características pessoais, ou seja, cada pessoa deverá aprimorar seu conhecimento, desenvolver suas habilidades ou melhorar suas atitudes de acordo com seus estudos e suas experiências pessoais e profissionais.

De acordo com o referido autor, habilidades e conhecimentos transformam-se em competências quando se empregam mobilização, participação e comprometimento. Assim, no contexto de captação de recursos, é importante relacionar competências técnicas e comportamentais, já que o captador de recursos precisará, além de entender de projetos e finanças, encantar possíveis apoiadores ou doadores. Apresentaremos na sequência as competências procuradas nesse profissional.

4.2.1 Liderança

Partindo do princípio de que mesmo projetos pequenos exigirão que o captador de recursos trabalhe em conjunto com outras pessoas, é essencial que ele saiba liderar. Esquecendo as definições clássicas de *liderança*, podemos dizer que um bom líder é aquele que consegue liderar e engajar as pessoas para que, juntas, possam alcançar o mesmo objetivo. O pensamento individual não combina com um bom captador de recursos.

Devemos adicionar ao papel do líder a habilidade de treinar e desenvolver as pessoas. Afinal, é normal que os captadores mais experientes expliquem e ajudem aqueles que estão começando. Além da parte técnica, muito dessa profissão depende da forma como as pessoas se relacionam ou mesmo da credibilidade criada pelo desenvolvimento de um bom trabalho. Assim, é essencial que, dentro da equipe de captação, tenhamos um desenvolvedor de pessoas, o qual, na maioria dos casos, tende a ser o líder.

4.2.2 Delegação de tarefas

Pode parecer óbvio que um bom líder saiba delegar, mas, infelizmente, não é. *Delegar* não é apenas determinar que alguém faça ou execute algo, vai muito além disso. É indicar uma tarefa a alguém e se preocupar em explicar, acompanhar e ajudar quando necessário. Em outras palavras, é ter um poder sensitivo de corrigir a rota, quando necessário, sem expor o delegado ou causar mal-estar na equipe.

4.2.3 Comunicação

Um bordão bem conhecido ajuda no entendimento dessa competência essencial quando falamos de captação de recursos e projetos: "Quem não se comunica, se trumbica!". Essas palavras foram eternizadas pelo grande comunicador Chacrinha e revelam a mais pura verdade. Se o captador não tiver a habilidade de se comunicar, de forma a manter todos informados sobre o projeto e suas etapas, é provável que ocorra algum erro e acabe a sinergia da equipe ou dos processos.

4.2.4 Solucionador de problemas

Competência que está sendo buscada mundialmente em todas as áreas de atuação. É comum nos depararmos com o termo *problem solver*, em inglês. Apesar das várias definições para essa competência, podemos dizer que aquele que detém essa característica sempre terá alternativas suficientes para transpor um obstáculo. Algumas outras competências estão implícitas nesta: persistência, perseverança, conhecimento, coragem e determinação são exemplos de competências implícitas em um *problem solver* ou solucionador de problemas.

Vale um parêntese para o termo *hands on*, encontrado em muitas descrições de vagas de emprego ou vinculado ao *problem solver*. Em uma tradução livre, podemos dizer que o profissional *hands on* é aquele que de fato é um executor, demonstra atitude, proatividade e geralmente não precisa ser pressionado para entregar resultados. Logo, essa característica é importante aos captadores de recursos.

4.2.5 Empatia

Capacidade de tentar sentir o que o outro sente ou, ainda, como é comumente tratado, capacidade de se colocar no lugar de outra pessoa. Definição simples, mas de execução não tão fácil assim. Afinal, ser empático é ter a capacidade de enxergar além do que é visível a todos. É se antecipar ao que pode acontecer, prever possíveis reações (positivas ou negativas) ou entender um contexto não revelado. É mais do que ser simpático e prestativo, características essas também importantes para esse profissional.

Para que possamos fixar bem esse conceito, vamos a um exemplo prático de uma situação pela qual todas as pessoas já passaram ou passarão em algum momento. Suponha que você estava na rua indo para uma entrevista e começou a chover. Sem guarda-chuva, você anda mais rápido e chega à recepção do local onde deveria ir. Para sua surpresa, entrando no local, a recepcionista se oferece para cuidar de seus pertences e indica um banheiro onde você pode se secar e se arrumar para amenizar um pouco aquela situação. A recepcionista foi empática, proporcionando uma situação em que você se sentirá melhor mesmo com todas as adversidades.

4.2.6 Colaboração

Mais do que trabalhar em equipe, *colaborar* é saber se colocar independentemente da situação – por exemplo, ao dar uma opinião e avançar com uma tarefa. *Colaborar* também pode ter outra conotação, caso você perceba que está atrapalhando o andamento de determinada tarefa e reconhece que será melhor se afastar, mesmo que momentaneamente. Podemos ir além e assumir que *colaborar*, de maneira macro, é facilitar uma tarefa, uma reunião ou um projeto para que o resultado seja alcançado de maneira mais otimizada.

4.2.7 Competência técnica

Partindo do princípio de que um projeto de captação pode ser necessário em qualquer ramo de atividade, algumas competências técnicas serão específicas. Por exemplo, ao captar recursos para o desenvolvimento de uma vacina, será necessário ao menos um médico na equipe para ficar responsável pela parte mais técnica (médica) do projeto.

Há habilidades e conhecimentos que poderão ser úteis ao captador de recursos, independentemente do ramo de atividade do projeto, como gestão de projetos, finanças, contabilidade, jurídico, planejamento estratégico, gestão de pessoas e domínio da língua culta (português ou a língua em que o projeto for desenvolvido). A determinação do nível de conhecimento nessas áreas dependerá do tamanho do projeto e da função que a pessoa ocupará. Mas todas essas características contribuirão para o desenvolvimento do projeto e a captação de recursos.

4.2.8 Integridade

Pode ser definida como aquilo que está inteiro ou intacto. No contexto corporativo, está relacionada à capacidade que as pessoas têm de *não se corromper*, no sentido amplo da palavra, não apenas financeiramente. No âmbito da captação de recursos, está muito ligada a como esse profissional conseguirá lidar com os dados e acontecimentos ao seu redor.

Esse profissional, muitas vezes, terá acesso a informações privilegiadas ou a quantias relativamente altas que não precisarão, obrigatoriamente, de prestação de contas. Assim, a integridade e a ética (que estudaremos com mais detalhes nesta obra) são essenciais ao captador de recursos.

Essa competência está relacionada à credibilidade, ou seja, pessoas íntegras tendem a receber mais credibilidade, característica essencial para que uma pessoa queira efetuar uma doação a um projeto, por exemplo.

4.2.9 Inteligência relacional

Conceito novo, que começou a ser mais explorado e engloba a ideia do *networking*, ou seja, a capacidade de se relacionar com as pessoas. A inteligência relacional propõe que as pessoas cuidem de si mesmas para que possam se relacionar melhor com as outras, além de preconizar a ligação entre as pessoas, sem que um interesse ou objetivo seja necessário. Relacionar-se de maneira inteligente fará de você um profissional melhor.

A reflexão mais interessante da inteligência relacional é respeitar o diferente e fazer com que ele seja uma de suas conexões. É saber lidar com suas expectativas, aceitar que nem todas as ocasiões serão exatamente como esperamos e entender que gentileza, respeito e educação devem ultrapassar a barreira do *face-to-face* e ganhar as redes sociais. Enfim, reconhecer que o sucesso depende de boas relações, sejam elas pessoais, sejam profissionais.

4.2.10 Organização

Característica que vai ao encontro das demais competências. Dificilmente encontraremos profissionais com os traços já citados e que não tenham o mínimo de organização mental e física.

Organização, nesse contexto, assume um significado maior do que simplesmente colocar as coisas nos lugares certos, referindo-se à capacidade de pensar de maneira lógica, promover sinergia entre processos e pessoas, otimizar um projeto ou identificar o que outras pessoas ainda não perceberam.

4.2.11 Criatividade e inovação

Por fim, chegamos a dois conceitos que comumente se confundem. Para facilitar o entendimento, vejamos a definição a seguir:

> A palavra criatividade origina-se do latim *"creare"*, cujo significado é criar, fazer, elaborar. [...] A palavra inovação origina-se do latim *"innovatione"*, cujo significado é renovação. [...] A criatividade é um processo cognitivo, individual ou coletivo, que gera ideias e perspectivas originais para uma determinada questão problemática ou não. Nesse sentido, acredita-se que a criatividade é pensar algo original e a inovação é a execução, ou seja, a inovação é a implantação da ideia criativa. (Valentim, 2008, p. 3-4)

Assim, os conceitos se confundem porque estão interligados de alguma forma e acredita-se que não exista inovação sem o processo criativo. Vale pontuar que nem toda ideia criativa necessariamente se tornará uma inovação, visto que o processo de inovação precisa de uma viabilidade real e concreta. Ou seja, mesmo ideias ótimas e criativas em alguns casos podem não ter aderência e condições de aplicação ao mundo real.

Perguntas & respostas

Todas essas competências são de fato importantes para os captadores de recursos. Porém, ao estudá-las, surge uma dúvida: É possível que um único profissional reúna todas essas competências?

É difícil imaginar um profissional que consiga desenvolver de forma plena todas essas competências. Em contrapartida, ao ler os conceitos podemos perceber que são competências complementares, ou seja, dificilmente alguém que não seja empático conseguirá ter inteligência relacional; ou, ainda, é difícil imaginar alguém que seja um solucionador de problemas e não consiga se comunicar bem.

Existe uma competência que se sobressai em relação às demais?

Mais do que ter todas as competências, a ideia é reunir características de todas elas para se tornar um profissional melhor e mais aderente à atividade. Nesse contexto, não existe competência mais ou menos importante, e sim algumas mais desenvolvidas e outras que precisam ser aperfeiçoadas.

4.3 Informações sobre possíveis doadores e financiadores

Definidos nosso plano de captação e as competências que buscaremos em nossos pares, colaboradores ou voluntários, chega o momento de selecionar ferramentas que possam nos ajudar no processo de captação de recursos. Essas ferramentas nos auxiliarão no processo de pesquisa de doadores e de manutenção da base de dados desses doadores e de fatos que possam impactar na captação de recursos.

Um dos pontos mais importantes no processo de captação é a **prospecção e a pesquisa de doadores**. Mas aqui não estamos falando do simples fato de entrar em contato com alguém e conseguir recursos, e sim de criar uma inteligência de captação. A seguir, exploraremos um pouco mais algumas ferramentas que nos ajudarão a criar essa inteligência de captação, que poderá ser utilizada em diversos projetos.

Buscamos nossos possíveis doadores e, para isso, precisaremos nos atentar a alguns aspectos importantes. Como vimos anteriormente, **escolher a equipe certa para o trabalho** fará toda a diferença. Afinal, sozinho será muito difícil dar continuidade ao projeto e, se as pessoas escolhidas não reunirem algumas das qualidades que mostramos, pode ser que seu trabalho aumente ou que o projeto não seja executado conforme o planejado. Apesar de não ter sido destacado como uma competência, quanto mais curiosas forem as pessoas escolhidas, ou seja, quanto mais se movimentarem e buscarem soluções, mais chance o projeto terá de alavancar.

Definida a equipe, vamos começar a pensar nos contatos que podem ser importantes para o projeto. Nesse momento, o melhor a fazer é **ativar nossa rede de contatos**, ou seja, aquelas pessoas que já conhecemos e com as quais já temos algum contato. Isso deve ser feito quando já captamos recursos e temos um arquivo de pessoas que podem ser contatadas novamente. Caso essa lista prévia não exista, sobretudo no primeiro projeto de captação, o ideal é analisar o círculo de amizades e o círculo profissional e mapear possíveis doadores/financiadores; pessoas e/ou empresas que podem não dispor de recursos, mas que servirão como ponte para possíveis doadores; e todos aqueles contatos que ainda não são potenciais, mas fazem parte de sua lista de prospecção.

Para Heyman e Brenner (2017), é importante fazer uma lista ou classificação de contatos, principalmente se forem muitos. Segundo os autores, a lista pode ser feita de acordo com a capacidade de doação, o valor da próxima doação, a inclinação ou o interesse e o que eles chamam de *códigos de disposição*, que nada mais são que um *follow-up* dos contatos feitos, indicando, por exemplo, quando fazer contato novamente ou quando o apoiador aceitou dispor recursos.

Com a lista pronta, precisamos **entender quem são esses contatos**. Nessa etapa, não é necessária uma ferramenta específica, pois a internet já ajudará a fazer esse estudo. É importante identificar a relação desses contatos com doações e/ou financiamentos. Logo, dados como se são casados e têm família, onde moram e trabalham, onde estudam/estudaram e as conexões profissionais são informações que permitem saber quem está mais próximo ou conectado ao projeto. Na pesquisa, é possível que sejam encontrados dados sobre doações já feitas ou algum voluntariado – informações que também serão úteis ao fazer o contato.

Tão importante quanto essa pesquisa é pensar em uma forma de **criar alertas sobre seus possíveis doadores ou financiadores**. Vale lembrar que, independentemente de serem pessoas físicas ou jurídicas, é possível fazer essa pesquisa e o acompanhamento. Esses alertas ajudarão a mapear qual é o comportamento desse contato e, caso tenha feito uma doação, por exemplo, identificar quem recebeu os valores, a faixa de doação e o tipo de ideia ou projeto mais adequados a esse possível doador.

Perguntas & respostas

Não ficou muito claro o processo de busca de informações de possíveis doadores ou financiadores. Existe um exemplo para explicar melhor essa ideia?

Sim. É comum que algumas pessoas visualizem vagas de seu interesse no LinkedIn, por exemplo. Quando isso acontece, buscamos pessoas que tenham algum tipo de relação com a área da vaga ou mesmo com a empresa que está ofertando a oportunidade. Nesse processo, vamos identificando quem já trabalhou na vaga, quanto tempo ficou, por que saiu e em qual empresa está atualmente, entre outras questões.

Esse tipo de pesquisa é muito próximo a essa coleta de informações citada, ou seja, buscamos dados que nos permitam chegar mais próximos de pessoas e/ou empresas com o maior número possível de informações e detalhes.

4.4 Base de dados

Agora que já sabemos quais dados precisamos coletar para nos ajudar no processo de captação, devemos pensar na melhor forma de trabalhar esses dados. Uma dica valiosa é buscar uma ferramenta (ou plataforma) de *Customer Relationship Management* (CRM), que, em uma tradução livre, significa gerenciar ou cuidar do relacionamento com o cliente.

E aqui vai um alerta: por melhor que seja o programa de CRM adquirido, os dados e a alimentação da base dependem de você, dos colaboradores e dos demais envolvidos no projeto, ou seja, a qualidade dos dados depende das pessoas que usam o CRM.

Por mais inteligente e profissional que seja o sistema, ele dependerá da qualidade dos dados para gerar bons relatórios.

O CRM permite personalizar a experiência das pessoas. Sempre que fazemos compras em algum lugar ou usamos um restaurante e temos um atendimento diferenciado, a tendência é voltarmos a usar o serviço. Quando passamos em uma consulta e o médico tem todos os nossos dados e históricos, com datas, detalhes e observações, nos sentimos mais seguros e mais bem atendidos.

A ideia aqui é muito parecida. Usaremos o CRM – que pode ser um *software* pago, uma planilha ou um sistema criado pelo próprio captador – para registar informações pessoais dos possíveis doadores: dados como para que time torce, atividade preferida, cor, bebida, marca de roupa e tipo de carro de que mais gosta e perfil de investimento, entre outros que for possível registrar.

E aqui uma dica valiosa, algo que às vezes passa desapercebido por alguns captadores: uma boa relação com o cliente ou com um possível ou atual captador também passa pela família dele. Assim, é importante registrar dados da família, como o curso que o filho faz, a profissão da esposa, o destino da última viagem em família, gostos e preferências dos familiares. Essas informações ajudarão você a se aproximar cada vez mais desse contato e a fazer com que um vínculo seja criado.

Para lembrar o quanto um atendimento personalizado faz diferença, podemos pensar em um exemplo simples e corriqueiro. Costumamos comprar roupas nas mesmas lojas, até por conta do caimento e do encaixe do corte de determinada loja. Se, ao chegar a uma dessas lojas, a vendedora que lhe atender perguntar, por exemplo, como ficou a última camiseta azul que você comprou, provavelmente você terá uma sensação boa, pois a vendedora estará proporcionando uma experiência personalizada e fidelizando o cliente para que volte sempre àquela loja.

Esta é a ideia ao usarmos o CRM para captação de recursos: atendimento personalizado e fidelização.

Para finalizar essa temática, é importante reconhecer os indicadores de desempenho que conseguirão evidenciar quais são os melhores contatos. Lembrando que, quando falamos de *doação* ou *financiamento*, o melhor não é necessariamente o que aporta um valor maior, se isso for feito apenas uma vez. E, por fim, é importante que todos os envolvidos saibam usar a plataforma escolhida, mesmo que isso implique em treinamentos e reciclagens periódicas, afinal, como acabamos de ver, esse será um aspecto importante na captação de recursos.

Perguntas & respostas

CRM é o mesmo que fidelizar clientes?

O *Customer Relationship Management* (CRM), ou *gerenciamento do relacionamento com o cliente*, é uma estratégia que nos ajuda a fidelizar o cliente. A ideia por trás do CRM é armazenar o maior número possível de informações sobre os clientes a fim de oferecer uma experiência personalizada, ação que será essencial para a fidelização destes.

Existe uma maneira mais adequada de fazer CRM?

É difícil pontuar a maneira mais correta de usar o CRM. Algumas empresas preferem tratar com rapidez o caso de clientes insatisfeitos, outras prezam por fidelizar o maior número possível de clientes. Logo, se pudéssemos chegar a um consenso, seria algo como: usar as informações dos clientes com transparência, buscando sempre oferecer o melhor atendimento possível, independentemente do histórico positivo ou negativo.

Síntese

Neste capítulo, vimos que encontrar doadores e financiadores que se identifiquem com suas ideias, planos e projetos e, consequentemente, disponibilizem seus recursos demanda muita energia e muito trabalho. Mais do que isso, exige muita técnica, sendo que o uso de algumas ferramentas é essencial para o sucesso dessa tarefa. Um plano bem desenhado, com pessoas que reúnam algumas das competências e habilidades aqui citadas, será fundamental para que sua base de dados seja extensa e de qualidade. Sim, isso mesmo, seu banco de dados não pode ser apenas extenso: precisa contar com doadores potenciais que poderão alavancar seus projetos fazendo doações, investindo valores ou indicando outros contatos. Por fim, lembre-se: tão importante quanto ter essa lista é saber mantê-la e atualizá-la, razão por que é importante o uso de algum CRM.

Questões para revisão

1. Segundo Heyman e Brenner (2017), esses itens são cruciais para o sucesso da captação, pois precisamos traçar o que precisa ser feito para buscar os grandes objetivos do projeto. E, para que de fato consigamos alcançá-los, é necessário estipular a tática que será utilizada, ou seja, quais caminhos permitirão que consigamos alcançar o objetivo. Perguntas como "Quem?", "O quê?", "Quando?", "Onde?" e "Como?" podem ajudar nessas definições.

O texto anterior faz referência a que aspecto?

a) Cenário.
b) Financeiro.
c) Metas.
d) Captação.
e) Objetivos e tática.

2. Essa competência está sendo buscada mundialmente em todas as áreas de atuação. É comum nos depararmos com o termo "XXX" em inglês. Apesar das várias definições para essa competência, podemos dizer que aquele que detém essa característica sempre terá alternativas suficientes para transpor um obstáculo. Algumas outras competências estão implícitas em um XXX, como persistência, perseverança, conhecimento, coragem e determinação.

A definição anterior diz respeito a uma competência buscada em um captador de recursos, a saber:

a) Organização.
b) Liderança.
c) Solucionador de problemas.
d) Integridade.
e) Empatia.

3. Capacidade de se colocar no lugar de outra pessoa: definição simples, mas de execução não tão fácil assim. Afinal, ser XXX é ter a capacidade de enxergar além do que é visível a todos. De alguma forma, é se antecipar ao que pode acontecer, a possíveis reações (positivas ou negativas) ou entender um contexto não revelado.

A definição anterior diz respeito à seguinte competência buscada em um captador de recursos:

a) Organização.
b) Liderança.
c) Solucionador de problemas.
d) Integridade.
e) Empatia.

4. Conceito novo, que começou a ser mais explorado e engloba a ideia do *networking*, ou seja, a capacidade de se relacionar com as pessoas. A XXX propõe que as pessoas cuidem de si mesmas para que possam se relacionar melhor com as outras, além de preconizar a ligação entre as pessoas, sem que um interesse ou objetivo seja necessário. Relacionar-se de maneira inteligente fará de você um profissional melhor.

A definição anterior diz respeito a uma competência buscada em um captador de recursos. Trata-se da competência conhecida como:

a) Inteligência emocional.
b) Liderança.
c) Solucionador de problemas.
d) Inteligência relacional.
e) Empatia.

5. No contexto corporativo, está relacionada à capacidade que as pessoas têm de não se *corromper*, no sentido amplo da palavra, não apenas financeiramente. No âmbito da captação de recursos, está muito ligada a como esse profissional conseguirá lidar com os dados e acontecimentos ao seu redor. Essa definição diz respeito a uma competência buscada em um captador de recursos. Trata-se da competência conhecida como:
a) Organização.
b) Liderança.
c) Solucionador de problemas.
d) Integridade.
e) Empatia.

Para saber mais

Ao ler este livro, você pode se perguntar: "Não tenho espaço na minha empresa para captar. Existem oportunidades no terceiro setor? Será que existe alguma empresa ou *site* que seja dedicado a vagas no setor de captação?" E a resposta é sim. Veja as indicações a seguir.

Setor 3

Nesse portal, além de informações sobre o terceiro setor, existe um espaço dedicado às vagas relacionadas à captação e para que empresas e projetos divulguem suas vagas.

SETOR 3. Disponível em: <www.setor3.com.br>. Acesso em: 26 jan. 2019.

Trackmob

Se na indicação anterior falamos sobre vagas e, indiretamente, das competências buscadas nos captadores e demais profissionais da área, não podíamos deixar de indicar algumas plataformas de CRM utilizadas no terceiro setor e para captação de uma maneira geral. Uma delas é o Trackmob, que nasceu da inquietação de uma pessoa ao ter dificuldade para fazer doação a uma instituição, cuja causa o mobilizou.

TRACKMOB. Disponível em: <https://trackmob.com.br/>. Acesso em: 26 jan. 2018.

Salesforce

A Salesforce revolucionou ao apresentar não um *software* de CRM, mas sim uma plataforma na nuvem de CRM, que confere mais comodidade e velocidade das informações. Também é uma plataforma muito usada no terceiro setor e na captação de recursos.

SALESFORCE. Disponível em: <www.salesforce.com/br/>. Acesso em: 26 jan. 2018.

Plano de captação de recursos

5 Captando de pessoas físicas

Conteúdos do capítulo:

» *Customer relationship management* (CRM).
» Doador.
» Investidor.
» Parceria.
» Seniores.
» *Baby boomers*.
» Geração X.
» Geração Y.

Após o estudo deste capítulo, você será capaz de:

1. compreender os mecanismos utilizados na captação de recursos de pessoas físicas;
2. observar a importância de criar um relacionamento saudável e de credibilidade com esses doadores/investidores;
3. distinguir as ações utilizadas para a captação de pequenos e grandes doadores;
4. reconhecer as competências do captador e da equipe que trabalha no projeto, além da importância do CRM, mas não só do *software* ou da plataforma, e sim do uso inteligente e eficiente dessa ferramenta;
5. estruturar parcerias a fim de garantir a saúde do projeto ou da instituição, percebendo que o foco das parcerias sempre será um acordo no qual os dois lados saiam ganhando;
6. identificar por que devemos saber qual das gerações abordar e como proceder.

Quando buscamos pessoas físicas (PF) para apoiar nossas ideias, planos ou projetos, teremos, de maneira geral, uma doação. Se simples ou com encargo, é o doador quem irá decidir. Nada impede que também seja uma forma de financiamento, ou seja, um empréstimo de dinheiro com alguma forma de contrapartida, mesmo que não seja a devolução em espécie do recurso que foi disponibilizado.

Segundo Heyman e Brenner (2017, p. 94, grifo do original): "**A captação de recursos com a comunidade não significa, necessariamente, ter um grande número de pequenos doadores. Trata-se de ter uma grande base de doadores individuais com os quais você pode contar**". O que faz todo sentido, se pensarmos que sempre teremos projetos distintos e com valores diversos (maiores ou menores) a serem captados.

Nesse contexto, o grande desafio em relação a esses doadores e/ou financiadores parece simples: fazer com que eles se identifiquem com os projetos, sintam-se tocados ou encorajados de alguma forma e, finalmente, façam as doações ou os investimentos. Porém, a pergunta é: "Como alcançar ou conquistar esse encantamento?".

O primeiro passo é ter um plano ou projeto concreto, que permita aos captadores responder a questionamentos sobre o projeto. Porém, mais do que ser convincente nas respostas, elas devem fazer sentido tanto para os envolvidos na captação, na doação e no investimento como para a sociedade de modo geral. Se o projeto tem essas características, será fácil responder perguntas como: "Qual é a essência?", "Por que investir?", "Quem mais vai investir?", "Quais mudanças ou benefícios serão promovidos?", "Qual é a credibilidade do projeto e dos captadores?".

Se você já se sente confiante para defender suas ideias e seu projeto, o próximo passo é definir uma meta de doadores/

investidores. E aqui não estamos falando necessariamente de valores, mas sim quem são as pessoas que podem apoiar essa ideia. Lembrando que pode acontecer, por exemplo, de um empresário do ramo de educação não se animar em doar depois de saber que seu maior concorrente já fez uma doação. Pesar esse tipo de restrição é importante para se chegar à lista ideal de pessoas que serão abordadas.

Alguns trunfos devem ser preparados para o momento da abordagem e do pedido da doação ou do investimento. Conhecer os doadores é fundamental, e por isso sugerimos a aquisição de alguma forma de Customer Relationship Management (CRM). Quanto mais informações específicas temos sobre a pessoa, mais fácil será a criação de vínculos. Outro aspecto valorizado é quando os conselheiros ou diretores (no caso de uma empresa) doam para o projeto. Isso aumenta a credibilidade e mostra que essas pessoas confiam nele. Quando não há uma empresa por trás, o fato de o projeto ter voluntários também chama a atenção e mostra credibilidade na hora dos pedidos de doação e investimento.

Como afirma um dito popular: "Quem não é visto não é lembrado". Assim, é essencial que esses contatos sejam ativados com frequência, ou seja, o ideal é que aconteça um pedido periodicamente, a não ser que o doador/investidor tenha feito alguma restrição. Se isso acontecer, respeite o pedido e garanta um bom relacionamento. Em contrapartida, quem sempre pede também deve agradecer. Afinal, mostrar gratidão e informar sobre o processo ou o impacto de doações e investimentos é essencial na construção de um relacionamento.

Na figura a seguir, podemos ver um pouco do que comentamos até agora e um exemplo da régua de relacionamento, ferramenta que pode ser utilizada em seu processo de captação de recursos.

Figura 5.1 – Régua de relacionamento

7 passos para fortalecer o elo com seus doadores

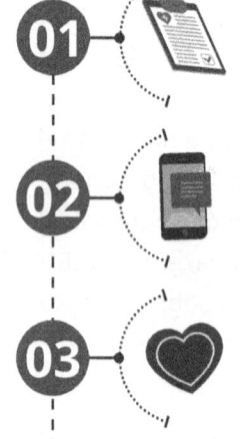

01 Primeiro contato: é só o primeiro passo – não é hora de apresentar sua organização de maneira demorada. Deixe clara a missão principal, pegue os dados e contatos do doador.

02 Envie um material de boas-vindas. Pode ser um vídeo curto sobre sua atuação, *e-mail* ou mensagem telefônica (SMS, WhatsApp) agradecendo a primeira colaboração e ressaltando a importância do doador para a causa da entidade.

03 Busque um contato mais personalizado. Não basta ter o nome do doador; saiba também preferências, interesses e comportamentos. É preciso que ele se sinta único.

04 Envie material sobre seu trabalho: textos, fotos ou vídeos. Apresente números que dimensionem seu desempenho. Seja transparente em relação ao destino dos recursos.

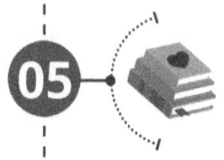

05 Traga histórias pessoais dos beneficiários de seus projetos. A emoção é fundamental para manter o doador engajado.

06 Não se restrinja a uma forma de comunicação. Use *e-mails*, telefones, redes sociais, mala direta, mas sempre tendo em mente o que funciona mais para cada tipo de doador.

07 Quando sua relação com o doador estiver forte, é possível criar réguas de relacionamento para objetivos específicos: engajá-lo para uma determinada campanha ou aumentar o valor da doação.

Perguntas & respostas

Qual é a maior dificuldade de se captar de pessoas físicas?

Pergunta bastante comum e que possibilita várias respostas. Geralmente, como as pessoas físicas não precisam prestar contas dos valores doados, costumam considerar aspectos pessoais, como história de vida, acidentes, conhecidos ou mesmo situações específicas que as tenham marcado sentimentalmente de alguma forma. Assim, a maior dificuldade é encontrarmos a pessoa certa (como vimos no Capítulo 4). Afinal, se já temos as informações corretas, dificilmente não alcançaremos nosso objetivo. Claro, vale salientar que o fato de ter muitas informações não garante que o índice de conversão será de 100%.

5.1 Grandes doadores

Em uma primeira leitura, pode até parecer que estamos incentivando um tratamento diferente aos doadores, mas não é essa a ideia. Pelo contrário, todos os doadores têm o mesmo valor, independentemente do montante que já disponibilizaram ou poderão disponibilizar. Mais do que isso, muitos grandes doadores podem ser indicados ou chegar ao projeto por meio dos pequenos doadores. Logo, a ideia não é fazer distinção, mas sim observar alguns cuidados que devem ser tomados com as pessoas que doam ou investem grandes valores.

Para poder comprovar a importância de ter uma boa lista de doadores, apresentamos uma pesquisa da *Association of Fundraising Professional* (AFP) de 2014, segundo a qual existe uma média de 57% de rotatividade de doadores por ano (Heyman;

Brenner, 2017). Ou seja, se hoje você tem uma lista com 100 potencias doadores, em 365 dias 57 deles não estarão mais nessa lista. Isso evidencia o quanto precisamos ter uma boa relação e fidelidade com nossos doadores/financiadores.

Dificilmente um doador/financiador com grande disponibilidade de recursos chegará ao seu projeto sem indicação. Em outras palavras, esse grande doador conhecerá o projeto ou proporcionará abertura para conhecer as ideias se alguém indicar o trabalho. Essa indicação pode vir da equipe do projeto, de doadores com menor capacidade e que enxergam potencial nas pessoas de sua rede de relacionamento ou por indicação dos executivos da sua empresa ou de outras empresas que conhecem a seriedade e a legitimidade da causa.

Assim, reforçamos que todos os contatos de sua rede de relacionamentos devem receber igual tratamento e atenção. Faremos alguns alertas sobre a abordagem e a manutenção desses grandes doadores. Em muitas ocasiões, esses doadores pedem anonimato e poucas vezes cobram dados ou prestação de contas dos valores investidos, porém, talvez esse seja o mecanismo para manter essas pessoas por perto.

Então, vamos ao primeiro passo. Além de dar atenção às possíveis indicações de doadores atuais ou de pessoas relacionadas ao projeto, busque nomes e indicações com pessoas que já se relacionam com você ou com os membros de sua equipe. Lembre-se também de pedir contatos a empresários que sejam de seu relacionamento e que possuam uma lista de contatos ampla e qualificada.

Outros dois pontos importantes são o uso: do CRM, que será essencial para a criação de *clusters* (grupos) de possíveis doadores/investidores classificados da maneira que fizer mais sentido para o projeto; e sempre deixar claro que a doação nunca será para você ou para a equipe do projeto, e sim para o propósito deste. Um exemplo pode ajudar a melhorar o entendimento. Suponha que o objetivo do projeto é construir casas populares a moradores de um bairro carente. As doações e os financiamentos serão para essas pessoas e suas moradias; logo, você e sua equipe nunca aparecerão entre o doador e a causa, pois são apenas o caminho mais rápido para que essa doação ajude as pessoas que necessitam.

Nesse contexto, é interessante ter um bom diálogo com a equipe responsável pela captação, pois nem sempre uma pessoa tem habilidades para pedir uma doação, por exemplo, mas não é por isso que ela deixa de ser importante no processo. Ela pode ser ótima com números ou com o CRM utilizado para registrar os dados dos potenciais doadores ou investidores. Por isso, a comunicação e a clareza na responsabilidade de cada pessoa do projeto faz grande diferença.

Por fim, talvez um dos aspectos que exigem maior cuidado é: como pedir a doação ou o investimento. Segundo Heyman e Brenner (2017), para se fazer esse tipo de pedido são necessários quatro passos: abertura, envolvimento, apresentação e aprovação. Vamos explorar melhor esses passos.

5.1.1 Abertura

Partimos do princípio de que a pessoa concordou em falar com o captador ou demonstrou essa abertura procurando o projeto. Nesse momento, o ideal é que sejamos breves e consigamos demonstrar nossa gratidão por esse tempo concedido pela pessoa.

5.1.2 Envolvimento

Momento no qual precisamos ter claros dois passos essenciais: 1) demonstrar nosso envolvimento com a causa, porém sem exagerar nas explicações. A ideia é mostrar que estamos nos projetos porque acreditamos nas mudanças e nas transformações que ele pode promover; 2) enquanto falamos sobre nosso envolvimento, devemos fazer perguntas abertas ao doador/investidor a fim de conhecê-lo um pouco mais e as razões que o conectam àquela causa.

5.1.3 Apresentação

Nesse momento acontece a mágica, ou seja, com as informações que conseguimos das pessoas, faremos a conexão entre elas e o projeto. Isso porque já conseguimos identificar quais vínculos podemos explorar, além de demonstrar o quanto a doação ou o investimento serão relevantes para o projeto. É importante explorar as características do projeto que mais se conectem com a pessoa.

5.1.4 Aproximação

Se passamos por todas as etapas e conseguimos criar vínculo entre doador e projeto, chegou o momento de falar de valores. O ideal é que, nesse momento, tenhamos um valor em mente e, antes de falar, façamos um breve relato de tudo o que será executado com esse valor. Por fim, perguntamos se a pessoa pode doar o valor que havíamos idealizado.

Vale comentar um pouco o que pode acontecer depois da aproximação, afinal, não conseguimos saber qual será a reação e, consequentemente, a resposta. Geralmente, o possível doador, independentemente de a resposta ser positiva ou negativa, fará considerações sobre esta. No caso de respostas positivas, o mais comum é que sejam feitas perguntas sobre os projetos e suas realizações. No caso da resposta negativa, é comum que seja apresentada uma justificativa e, com base nela, devemos tentar entender se foi o valor que intimidou ou se o vínculo não foi bem construído. A ideia é, de forma sutil, entender por que a doação não foi feita e verificar se é possível oferecer algo mais palatável àquela pessoa.

Perguntas & respostas

É difícil entender a diferença entre pequenos e grandes doadores. O valor doado é o único fator responsável por essa diferenciação?

Se pensarmos única e exclusivamente no valor doado, sim. No entanto, além do valor doado, deve-se considerar a relação e a identidade desses grandes doadores com o projeto, a causa ou a instituição. Ou seja, quando uma pessoa faz uma grande doação, significa que, de alguma forma, ela apoia e se identifica com a causa, o que pode demonstrar que, mais que com o dinheiro, a preocupação é com o resultado. Por exemplo, é possível que pessoas que se sintam incomodadas com a desnutrição infantil façam grandes doações a vários projetos que se dediquem a essa causa. Assim, a ideia é entender essas motivações e formar parcerias com esse doador, a fim de manter a continuidade do projeto e as doações periódicas desse financiador/apoiador.

5.2 Construção e manutenção da parceria

O termo *parceria* remete ao mundo corporativo ou a nossas relações pessoais. O primeiro conceito que vem à nossa mente quando pensamos no assunto é a ideia de duas pessoas ou empresas se juntarem na busca de um objetivo comum. Essa ideia fica mais forte se pensarmos em um exemplo simples: quando dois autores se reúnem para escrever um livro, significa que os farão uso de seu conhecimento com o propósito de fazer um bom trabalho e, em muitos casos, se unem para fazer um trabalho melhor. Em parcerias, a máxima "duas cabeças pensam melhor que uma" geralmente costuma funcionar – e, geralmente, uma ou mais cabeças reunidas otimizam o resultado de tal ação.

Exploraremos um pouco mais o tema quando falarmos de redes sociais, mas o principal elemento para se construir e manter uma parceria é cuidar de seu *networking*, que, em tradução livre, seria "rede de relacionamentos". A partir do momento que você recebe a doação ou o investimento de uma pessoa ou empresa, inicia-se um relacionamento.

Em um relacionamento, seja ele pessoal, profissional ou uma parceria, é importante haver algumas características, como transparência, ética, credibilidade, integridade e honestidade. Claro que existem outras características, mas essas são buscadas por muitas pessoas. E, caso você falhe em alguma delas, consequentemente todas as outras ficaram abaladas e haverá um problema de relacionamento.

Assim, entendendo que uma parceria é um relacionamento, devemos cuidar dela mesmo antes que ela se concretize. Afinal, antes de fecharmos uma parceria com alguém, devemos buscar referências sobre a pessoa ou empresa, e, se houver muitos depoimentos ou fatos negativos, acabamos de perder uma parceria antes mesmo de ela começar. Outro aspecto importante é a integridade, ou seja, manter seus valores independentemente dos valores ou das propostas envolvidas, pois alguém que já tem uma experiência negativa pode desviar seu caminho.

Agora que já cuidamos da fase de pré-parceria, vamos refletir sobre o que é uma parceria de fato. Se pensamos naquele melhor amigo, diremos que ele é nosso parceiro, pois sempre esteve do nosso lado independentemente do momento. Em uma empresa, parceiro é aquele que aceita trabalhar em conjunto de forma que os dois lados saiam ganhando. Por fim, pensando em captação de recursos, *parceria* é quando conseguimos estabelecer um vínculo com uma pessoa ou empresa e temos a convicção de que ela participará de nosso projeto fazendo uma doação ou um investimento.

Geralmente, identificamos esse parceiro de captação quando, mesmo sem conhecer o projeto todo ou todas as ações dele, ele opta por doar ou investir pela confiança e pela credibilidade que tem na instituição ou no captador. Por envolver valores, esse tipo de relação é de longo prazo, ou seja, demora certo tempo para ser construída.

Porém, uma vez construída, o ponto-chave para que seja mantida é o relacionamento. Para que fique claro, vejamos algumas questões:

» Você faria uma doação a pessoas ou instituições que só fazem contato com este fim?
» Você doaria para um projeto que não se identificou ou teve uma experiência negativa no passado?

» Você doaria para um projeto no qual tanto a causa quanto o captador não têm qualquer vínculo com você?
» Você voltaria a doar para um projeto que não compartilhou informação alguma desde a data da doação?

Considerando as respostas a essas perguntas e esse processo cada vez mais marcante de fidelização de produtos e marcas, só teremos uma parceria de fato se o relacionamento extrapolar o simples fato de captar recursos. E isso não significa que teremos de virar amigos dos doadores ou investidores, mas que precisaremos demonstrar que aquela pessoa é importante por meio de contato periódico, mesmo que seja apenas para saber se tudo vai bem.

Se esses passos foram seguidos e por fim você tem alguns relacionamentos, começa a tomar forma sua rede de relacionamentos, que o auxiliará no processo de captação de recursos e a conhecer pessoas e profissionais que tenham os mesmos princípios e valores. E ficará mais fácil que pessoas da sua rede o indiquem para conhecer outras pessoas e trabalhos que condizem com os seus.

Finalizando, o ideal é que tenhamos em mente que sempre será mais fácil conseguir novos parceiros do que reconquistar parceiros que tenham saído magoados do relacionamento. E mais: esses magoados sempre farão questão de divulgar a experiência ruim pela qual passaram, o que pode fazer com que outros parceiros desistam dessa relação de parceria com a instituição ou o projeto.

Perguntas & respostas

Em uma parceria, é importante que todos os envolvidos tenham seus objetivos satisfeitos de alguma forma. Podemos chamar essa parceria de *ganha-ganha*?

Como o próprio nome sugere, parceria *ganha-ganha* é aquela na qual todos os envolvidos ganham de alguma forma. E não estamos falando apenas de dinheiro, e sim de relacionamento, promoção de uma marca ou aumento das vendas.

Existe algum exemplo comercial desse tipo de parceria?

Um exemplo bastante comum de parceria ganha-ganha é a firmada entre as empresas em geral e os distribuidores de material de escritório. A empresa procura um distribuidor que tenha valores mais interessantes e, em contrapartida, os distribuidores buscam empresas que queiram fechar um contrato de longo prazo. Em resumo, a empresa terá um custo menor e o distribuidor diluirá esse lucro menor ao longo do tempo que será o fornecedor exclusivo da empresa.

5.3 Captando com gerações diferentes

Provavelmente, você já ouviu as frases "essa geração não tem paciência" ou "essa geração é muito conectada". Sim, convivemos com algumas gerações diferentes, e o fato de pertencer à geração *baby boomers* diferencia as pessoas que são da geração Y, por exemplo. E, se existem diferenças entre as gerações, também há diferenças de personalidade e, portanto, na maneira como devemos abordar a captação de recursos com elas.

Quadro 5.1 – Diferenças entre gerações

Seniores (nascidos em 1945 ou antes)	***Baby boomers*** (nascidos entre 1946-1964)
» Em média, doam mais que as gerações X e Y juntas e apoiam mais organizações, segundo o Censo dos Estados Unidos de 2010. » Geralmente recebem melhor a mala direta do que o *telemarketing*. » Diferentemente da geração Y, preferem o contato pessoal nas organizações, de preferência com os gestores.	» São 78 milhões de pessoas, um pouco menos que a geração Y, segundo o Censo dos Estados Unidos de 2010. » Esta geração diz doar por ano em média US$ 1.212 para quatro ou cinco instituições.
Geração X (nascidos entre 1965-1980)	**Geração Y** (nascidos entre 1981-1995)
» Assim como a geração Y, são plugados e demonstram maior propensão a doar *on-line*. » São pessoas que aumentam seu engajamento quando seus amigos também apoiam a mesma causa ou produto.	» São a maior geração: 80 milhões de pessoas, segundo o Censo dos Estados Unidos de 2010. » Gastaram US$ 300 bilhões em bens de consumo em 2014, segundo o *The Millennial Impact Report*. » São plugados e gostam de divulgar suas causas nas redes sociais. » Apesar de doarem pouco, costumam engajar seus contatos.

Fonte: Elaborado com base em Heyman; Brenner, 2017.

Diante do quadro apresentado, algumas estratégias se fazem necessárias ao buscar doações ou investimentos:

1. Sua base de dados deve conter a idade de seus contatos e, com base nessa informação, você saberá com qual geração está lidando.
2. Agora que já sabe em qual geração seus contatos se enquadram, estude e entenda os pontos positivos e negativos de cada uma delas.
3. Diversifique seus canais de comunicação e de arrecadação de doações para atender todas as gerações que estão em sua base de dados.

Por fim, como apresentado no quadro, lembre-se de que se as pessoas da geração Y não têm tanta propensão a doar; em contrapartida, adoram divulgar causas e engajar seus contatos. Muitos destes podem estar em sua lista de contatos e, se mantiver um relacionamento saudável, é provável que ganhe um grande apoio na divulgação e sem ônus.

Perguntas & respostas

É muito importante entendermos as diferenças entre as gerações, até para compreendermos melhor nosso público. Porém, por que preciso entender a geração Y se provavelmente esse não será o público que representará a maior quantidade de doações?

Esta é uma boa questão, já que seniores (nascidos em 1945 ou antes), em média, doam mais que as gerações X e Y juntas e apoiam mais organizações. Porém, a geração Y tem uma característica importante e que pode auxiliar indiretamente: é a geração mais conectada e, consequentemente, a que pode nos ajudar a aumentar o alcance, seja na divulgação da ação em si, seja em seu impacto.

Considerando que podemos, por exemplo, medir quantas clicadas e compartilhamentos um *post* do Facebook obteve, essa geração será essencial nesse tipo de estratégia, pois são os mais conectados, têm mais amigos conectados e os amigos dos amigos também. Em resumo, nossa atenção não pode ser focada apenas em valores, mas também em como impactar e alcançar pessoas diferentes em lugares diversos.

Síntese

Neste capítulo, você pôde de fato a aprender como funciona a abordagem aos doadores ou investidores, assim como toda a dinâmica que esse processo engloba. *Pessoas físicas* – chamamos assim para diferenciar das empresas e fundações, por exemplo – geralmente terão um acesso mais facilitado, o que não significa que a doação é garantida.

Vimos que, para que possamos ter potenciais doadores ou investidores, precisamos, de fato, tocar essas pessoas, ou seja, fazer um paralelo entre a causa e os sentimentos e as emoções desses potenciais doadores. Mais do que isso, é preciso buscar pessoas que acreditam nos mesmos valores e crenças em que o projeto ou instituição acredita ou divulga. Destacamos, ainda, os cuidados a serem tomados com os grandes doadores.

Por fim, tratamos das parcerias, que são essenciais para a saúde do projeto e das instituições, sempre buscando formas de facilitar as tarefas e os desafios propostos por cada projeto.

É preciso considerar a diferença existente entre as gerações, ou seja, esperar que alguém da geração Y faça grandes doações não é viável, assim como esperar que apenas os meios digitais alcancem os seniores também não é conveniente.

Questões para revisão

1. Quando falamos de grandes doadores, sabemos que alguns cuidados são necessários e que o tratamento e a valorização devem ser iguais, independentemente da capacidade do doador ou investidor. Nesse sentido, são sugeridos quatro passos para facilitar o pedido de recursos. Cite e explique esses quatro passos.

2. Relacione a geração e sua respectiva faixa de nascimento às características inerentes a ela:
   1) Seniores (nascidos em 1945 ou antes)
   2) *Baby boomers* (nascidos entre 1946 e 1964)
   3) Geração X (nascidos entre 1965 e 1980)
   4) Geração Y (nascidos entre 1981 e 1995)

   ( ) Assim como a geração Y, são plugados e demonstram maior propensão a doar *on-line*.
   ( ) São 78 milhões de pessoas, um pouco menos que a geração Y, segundo o Censo dos Estados Unidos de 2010.
   ( ) São plugados e gostam de divulgar suas causas nas redes sociais.
   ( ) São a maior geração: 80 milhões de pessoas, segundo o Censo dos Estados Unidos de 2010.
   ( ) Geralmente, recebem melhor a mala direta do que o *telemarketing*.

( ) Gastaram US$ 300 bilhões em bens de consumo em 2014, segundo o The Millennial Impact Report.
( ) Diferentemente da geração Y, preferem o contato pessoal nas organizações, especialmente com os gestores.
( ) São pessoas que amentam seu engajamento quando seus amigos também apoiam a mesma causa ou produto.
( ) Esta geração diz doar por ano em média US$ 1.212 para quatro ou cinco instituições.
( ) Apesar de doarem pouco, costumam engajar seus contatos.
( ) Em média, doam mais que as gerações X e Y juntas e também apoiam mais organizações, segundo o Censo dos Estados Unidos de 2010.

Fonte: Elaborado com base em Heyman; Brenner, 2017.

3. O grande desafio em relação a esses doadores e/ou financiadores parece simples: fazer com que eles se identifiquem com os projetos, sintam-se tocados ou encorajados de alguma forma e façam as doações ou os investimentos. Estamos falando:
   a) dos grandes doadores.
   b) das pessoas jurídicas.
   c) das incubadoras.
   d) do governo.
   e) das pessoas físicas.

4. Para captar de grandes doadores, são necessários quatro passos. Indique se as afirmações a seguir são verdadeiras (V) ou falsas (F) no que se refere a esses passos:

( ) Abertura: partimos do princípio de que a pessoa não concordou em falar com o captador ou não demonstrou essa abertura procurando o projeto. Neste momento, o ideal é que não sejamos breves e consigamos demonstrar nossa gratidão por esse tempo concedido pela pessoa.

( ) Envolvimento: momento em que precisamos ter claros dois passos essenciais: 1) demonstrar nosso envolvimento com a causa, porém sem exagerar nas explicações; 2) enquanto falamos sobre nosso envolvimento, devemos fazer perguntas abertas ao doador/investidor a fim de conhecer um pouco mais a pessoa e as razões que a conectam à causa.

( ) Apresentação: neste momento acontece a mágica, ou seja, com as informações que conseguimos das pessoas faremos a conexão entre elas e o projeto. Isso porque já conseguimos identificar quais vínculos podemos explorar e demonstrar o quanto a doação ou o investimento serão relevantes para o projeto. É importante explorar as características do projeto que mais se conectem com a pessoa.

( ) Aproximação: se passamos por todas as etapas e conseguimos criar o vínculo entre doador e projeto, não será necessário falar de valores. Com todos esses passos, a doação será grande e não precisaremos nos preocupar em pedir um valor exato.

5. Ao falar sobre parcerias, o texto cita o principal elemento para a construção de uma parceria de sucesso. Cite e explique por que esse elemento é tão importante no processo de construção de uma parceria.

Para saber mais

Eventos do Bem

Uma prática que tem se tornado cada vez mais comum é transformar os presentes de aniversário em ajuda para uma instituição, o que também é uma forma de captar recursos para causas que precisam de apoio.

Como seria chato receber o dinheiro para depois prestar contas às pessoas, existem *sites* como o Eventos do Bem, cuja proposta é fazer a interface entre quem quer ajudar uma causa e as pessoas que de fato ajudarão. De maneira simples, você cria um evento, divulga para seus amigos e diz que o valor arrecadado será revertido para a causa escolhida.

EVENTOS DO BEM. Disponível em: <www.eventosdobem.com.br/#/>. Acesso em: 27 jan. 2019.

Projeto de Impacto do Milênio

Infelizmente, ainda há poucas matérias em português que analisam a captação de recursos. Nos Estados Unidos, essa é uma prática comum.

O projeto *The Millennial Impact Project* (Projeto de Impacto do Milênio) reúne o maior banco de dados e análises sobre como os milênios (nascidos entre 1980 e 2000) dos Estados Unidos interagem com as causas.

THE MILLENNIAL IMPACT REPORT. Disponível em: <www.themillennialimpact.com/>. Acesso em: 27 jan. 2019.

6 Captação de empresas

Conteúdos do capítulo:

- » Recursos.
- » Patrocínio.
- » Proposta.
- » Voluntários.
- » Causa ou acontecimento.

Após o estudo deste capítulo, você será capaz de:

1. elaborar uma carta proposta para conseguir patrocínio, apoio ou parceria de *marketing* relacionado à causa;
2. compreender por que as empresas patrocinam eventos e quais cuidados tomar como captador de serviços;
3. reconhecer que é essencial criar níveis de patrocínio para negociar melhor a participação da empresa;
4. entender como captar por meio de apoio ou de *marketing* relacionado à causa, situação em que há uma contrapartida para a instituição nos produtos ou serviços vendidos, por exemplo.

Quando pensamos em buscar recursos em uma empresa, na maioria das ocasiões teremos três formas de conseguir esse apoio: 1) por meio de patrocínios, situação em que a empresa disponibiliza um valor e, na maioria dos casos, pede uma contrapartida; 2) *marketing* relacionado à causa; 3) voluntários e recursos. Estudaremos todos esses itens com detalhes no decorrer deste capítulo.

Existe a possibilidade de conseguirmos valores empresariais por meio das fundações que a empresa mantém. Essa modalidade será estudada com detalhes no Capítulo 7, pois, além das fundações empresariais, existem outros tipos de fundações, que, em geral, funcionam de maneira parecida com uma empresa, mas com alguns processos específicos. Por exemplo, dificilmente veremos uma empresa privada lançar um edital para selecionar os projetos nos quais investirá.

Como veremos a seguir, as empresas exigem certa burocracia para fazer esse investimento em projetos ou instituições. Provavelmente, essa burocracia vem da obrigatoriedade da empresa de comprovar os recursos utilizados e fazer declarações de impostos de maneira correta, para que não passe por retaliações por parte do Estado ou do município.

De maneira geral, as empresas têm maior possibilidade de disponibilizar valores mais altos, assim como os grandes doadores, assunto visto no capítulo anterior, quando tratamos sobre pessoas físicas. Os valores disponibilizados dependerão do projeto, da empresa, da comunidade em que a empresa está inserida e até de fatores internacionais. Por isso, o captador deve ser um profissional atualizado e que tenha conhecimento dos impactos econômicos que as empresas podem sofrer com acontecimentos que extrapolam o Brasil.

Perguntas & respostas

Por que buscar recursos com empresas?

Existem alguns fatores que podem favorecer a busca por recursos e empresas, a saber:

» **Montante** – As empresas, desde que se programem, podem, em muitas oportunidades, oferecer bons valores para o andamento do projeto.
» **Periodicidade** – Um projeto alinhado à missão e aos valores da empresa pode receber recursos periódicos, se for de interesse dos clientes e dos principais executivos da organização.
» **Alavancagem** – O fato de o projeto estar relacionado a grandes empresas pode gerar mídia espontânea e aumentar a visibilidade e a aceitação do projeto.

6.1 Patrocínio

Para que possamos compreender melhor o processo de um patrocínio, vale ressaltar uma característica comum a todas as empresas privadas: o lucro. É importante entender o que isso significa. Diferentemente de organizações não governamentais (ONGs) ou associações, as empresas dependem de lucro para continuar suas atividades. Assim, apesar de muitas se preocuparem com o social, essa vertente sempre dependerá da saúde financeira da empresa.

Muitas empresas usam o patrocínio como uma forma de se apresentar a determinado público, para ganhar a simpatia do público alcançado por determinada ação ou para promover sua marca de maneira macro e ganhar a simpatia dos consumidores. As empresas selecionam projetos que tenham alinhamento com sua visão, sua missão e seus valores, inclusive para garantir que o patrocínio está alinhado com o que a empresa vende, seja um serviço, seja um produto.

Vejamos algumas características importantes para que consigamos estabelecer uma relação saudável com as empresas e, consequentemente, obter o patrocínio que buscamos. Primeiramente, importante que você ou alguém de sua equipe entenda como funciona uma empresa. Esse conhecimento ajudará não apenas a entender melhor os processos internos, mas a customizar o pedido de patrocínio, conforme o avanço das negociações. Até chegar ao patrocínio fechado, será necessário fazer muitas reuniões, telefonemas, troca de *e-mails* e ajustes na proposta. Afinal, enquanto você defenderá seu projeto, a empresa pensará na melhor alavancagem possível para sua marca.

De maneira geral, as empresas patrocinam eventos porque, como já mencionamos, as fundações ou o empresário como pessoa física apoiam causas sociais. Se estamos falando de *eventos*, precisamos refletir sobre os pontos que a empresa analisará para abrir a negociação do patrocínio. Geralmente, as empresas focam primeiro em alcance, ou seja, quem será impactado, o público-alvo, o tamanho ou o número de participantes e o potencial deles.

Aberta a negociação, a empresa olhará o projeto com mais detalhes e, com certeza, analisará o planejamento, a data, a programação e todos os aspectos que já vimos aqui. Nessa etapa, também é importante que você conheça o real potencial de seu projeto, afinal, para que a empresa compre seu projeto, ela precisará chegar ao potencial real de mídia, divulgação, engajamento e retorno para si.

Nesse contexto, pense sempre em montar pacotes de patrocínio, em que a empresa que doar mais tenha mais benefícios. Monte um plano de *marketing*, mesmo que incipiente, para demonstrar como vai divulgar a marca da empresa. Incentive a empresa a disponibilizar materiais informativos ou amostras de produtos aos participantes, demonstre em que momentos durante o evento a marca será divulgada e ofereça um momento para que os principais patrocinadores possam falar, mostrar vídeos e até sortear brindes.

Todas as ações aqui relatadas têm a intenção de mostrar o quanto a empresa será valorizada. Por isso, é essencial que existam níveis de patrocínio, pois a empresa que investir menos ou apenas apoiar o evento não pode ter o mesmo benefício daquela que disponibilizar um alto valor para o projeto.

Para divulgar todas essas informações de maneira organizada, o ideal é que você faça uma apresentação profissional, de modo que os empresários possam olhar seu projeto de forma diferenciada. É importante que você use um *software* sobre o qual tenha domínio e com o qual se sinta bem. Uma indicação é o Prezi, que também pode ser utilizado *on-line* e oferece benefícios como disponibilizar a apresentação por *link*, trabalho colaborativo e apresentação com movimentos e profundidade.

Segundo Heyman e Brenner (2017), a proposta de patrocínio deve ter quatro elementos essenciais, seja uma proposta escrita, seja a apresentação que comentamos no parágrafo anterior:

- » **Capa** – Apresente seu projeto por meio de imagens (utilizando um logo, por exemplo) e inclua o título "Proposta de patrocínio".
- » **Visão geral** – Especifique o projeto e seu histórico, os dados gerais do evento e da equipe que será responsável por ele, os benefícios que o evento irá gerar para a empresa e seus *stakeholders* e foque no público-alvo e em seu potencial.
- » **Contrapartidas** – Este é, provavelmente, um dos pontos que mais influenciará na decisão dos empresários. Assim, apresente os níveis de patrocínio e foque nas contrapartidas oferecidas por eles.
- » **Contatos** – Deixe contatos por meio dos quais a empresa de fato conseguirá se comunicar: *e-mail*, telefone e contato via mensagem. Anote o nome e o cargo das pessoas que poderão fornecer mais informações.

Se necessário, insira anexos, como informações específicas sobre eventos anteriores, local em que o evento será realizado, atividades específicas que ajudarão na captação de pessoas e recursos, algum projeto social que será apoiado em segundo plano e qualquer informação que você julgue relevante para conquistar a atenção da empresa.

Quando estiver em contato com a empresa, seja flexível e esteja sempre preparado para negociar valores – tanto maiores como menores – e contrapartidas. Por exemplo, é muito comum que alguma empresa aceite aumentar o valor dos recursos financeiros oferecidos para ser a única patrocinadora da maior categoria. Assim, é essencial que você conheça suas possibilidades e até onde pode chegar, principalmente se estivermos falando de valores menores e contrapartidas maiores.

Por fim, cuide de seus patrocinadores, mantenha o diálogo e sempre apresente os resultados do evento que eles apoiaram. Vale lembrar que, às vezes, só o fato de ter o logotipo de algumas empresas em nosso evento o valorizará muito. Isso porque a empresa transmite sua credibilidade ao evento e, consequentemente, é possível que os usuários desses serviços ou produtos também se interessem no evento.

Perguntas & respostas

Qual é a diferença entre *patrocínio* e *doação*?

O patrocínio está sempre condicionado a uma contrapartida para o patrocinador, enquanto a doação, na maioria dos casos, não exige algo em troca.

Qual é a garantia que um patrocinador tem de retorno?

Não é comum que patrocinadores façam exigências quantificáveis de retorno, uma vez que, quando apresentamos uma proposta de patrocínio, já mostramos e condicionamos que tipo de contrapartida podemos oferecer.

Para ficar mais claro, não é possível oferecer um retorno financeiro na venda de produtos, mas podemos, por exemplo, nos comprometer a divulgar a marca e ceder o *mailing* dos participantes.

6.2 Apoio e voluntários

Em algumas ocasiões, pode ser que as empresas não possam ou não tenham como política investir capital em eventos na forma de patrocínio. Quando isso acontece, devemos ser flexíveis e avaliar como o apoio dessa empresa pode nos ajudar.

Algo importante a se pontuar é que nem sempre *patrocínio* significa *valores* (espécie). Um bom exemplo é quando uma empresa não transfere valores ao projeto, mas empresta um auditório e alguns funcionários para tornar o evento viável. Por mais que não seja dinheiro, está fazendo o projeto economizar dinheiro e podemos considerar essa ação como um patrocínio. Claro, tudo dependerá dos níveis de patrocínio projetados para o evento, ou seja, se os valores estimados dessa ação não alcançam o nível mais baixo, será necessário haver uma conversa com a empresa e uma negociação sobre como melhor alocar a ajuda fornecida, se como apoio ou patrocínio.

Aqui, trataremos dos casos em que a empresa oferece algum apoio, mas os valores não chegam perto dos estipulados nas categorias de patrocinadores. Por exemplo, uma agência de viagens que oferece a passagem de um palestrante de fora da cidade em que acontecerá o evento. Em um evento grande, trata-se de um apoio e, consequentemente, essa empresa terá os benefícios que um apoiador recebe.

A seguir, na Figura 6.1, apresentamos uma parte da programação do Congresso Internacional de Secretariado (Coins), na qual são elencados os patrocinadores e apoiadores.

Figura 6.1 – Patrocinadores e apoiadores do Congresso Internacional de Secretariado

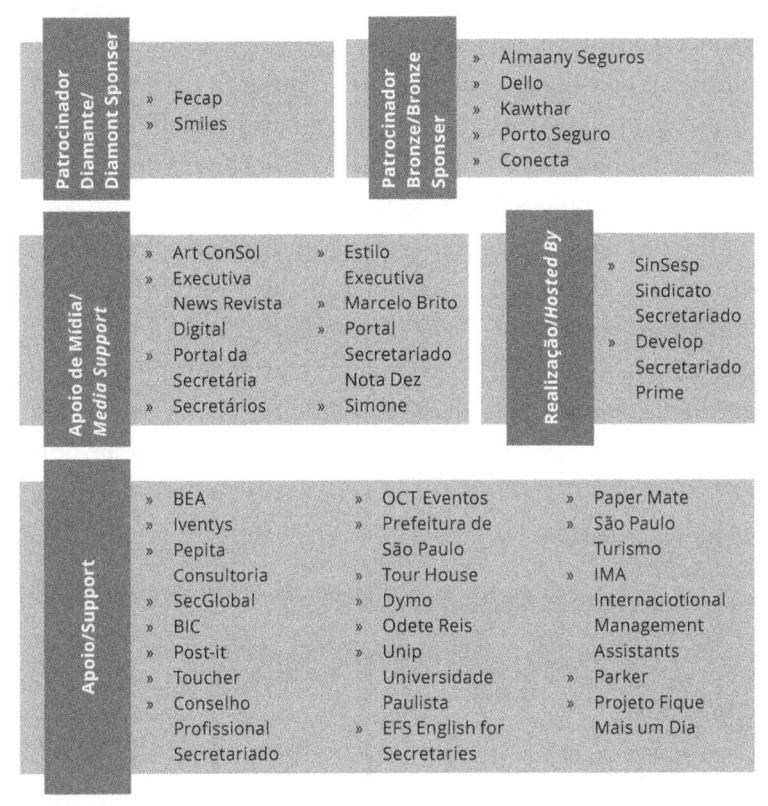

Patrocinador Diamante/ Diamont Sponser	» Fecap » Smiles		Patrocinador Bronze/Bronze Sponser	» Almaany Seguros » Dello » Kawthar » Porto Seguro » Conecta	
Apoio de Mídia/ Media Support	» Art ConSol » Executiva News Revista Digital » Portal da Secretária » Secretários	» Estilo Executiva » Marcelo Brito » Portal Secretariado Nota Dez » Simone	Realização/Hosted By	» SinSesp Sindicato Secretariado » Develop Secretariado Prime	
Apoio/Support	» BEA » Iventys » Pepita Consultoria » SecGlobal » BIC » Post-it » Toucher » Conselho Profissional Secretariado	» OCT Eventos » Prefeitura de São Paulo » Tour House » Dymo » Odete Reis » Unip Universidade Paulista » EFS English for Secretaries		» Paper Mate » São Paulo Turismo » IMA Internaciotional Management Assistants » Parker » Projeto Fique Mais um Dia	

Fonte: Elaborado com base em Coins, 2017.

Podemos notar que, no evento, havia duas categorias de patrocinadores, as quais foram definidas de acordo com os valores acertados ou, como comentamos, no caso de o apoio significar um grande alívio nos gastos do evento. Observamos também os apoiadores que ofereceram seus produtos e serviços, auxiliando na realização do projeto, mas sem que isso representasse uma economia substancial.

Observe que há uma categoria chamada *Apoio de mídia*, que consiste em conseguir multiplicadores para a divulgação do evento, como *sites* conceituados, *blogs*, páginas do Facebook ou grupos do LinkedIn. Toda forma de divulgação, como número de postagens, curtidas, comentários ou acessos, poderá entrar como apoio de mídia e ter seu nome divulgado em peças do evento, desde que de fato os apoiadores cumpram o combinado.

É importante ressaltar que as regras de divulgação das logomarcas das empresas, da distribuição dos materiais ofertados ou de qualquer outra ação devem estar bem claras nos níveis de patrocínios oferecidos. Para que esses níveis fiquem mais claros, apresentamos a seguir um quadro que apresenta de maneira simplificada as cotas dos patrocinadores do evento citado anteriormente. Esse é um bom exemplo de como funcionam as cotas de patrocinadores.

Quadro 6.1 – Cota de patrocinadores

	Cotas patrocinadores/expositores						
Reciprocidades/ Contrapartidas	Diamante	Platina	Ouro	Prata	Bronze	ChargeBox	Expositor
Área de exposição, sem montagem	9 m²	9 m²	4 m²	4 m²	4 m²	–	4 m²
Totem (ChargeBox)	–	–	Sim	–	–	Sim	–
Assinatura nas peças impressas (cartaz, faixas, convites, elementos de palco e sinalização)	Sim	–	–	–	–	–	–
Assinatura nas peças eletrônicas	Sim	Sim	–	–	–	–	–

(continua)

(Quadro 6.1 – conclusão)

Cotas patrocinadores/expositores							
Reciprocidades/ Contrapartidas	Diamante	Platina	Ouro	Prata	Bronze	ChargeBox	Expositor
Entrevista no Canal "Secretariado na TV" de 5 min	Sim	–	–	–	–	–	–
Citação na abertura, exibição de vídeo nos intervalos e cerimônia de encerramento	Sim	Sim	Sim	Sim	Sim	–	–
Encarte de material nas sacolas	Sim	Sim	–	–	–	–	–
Aplicação da logomarca com hiperlink no site do evento	Sim	Sim	Sim	Sim	–	–	–
Logomarca nas peças do evento (sacola, bloco de anotações, ficha de satisfação etc.)	Sim	Sim	Sim	Sim	–	–	–
Inscrições cortesia	10	10	5	5	3	–	–
Relação dos participantes do evento	Sim	Sim	Sim	Sim	Sim	–	Sim

Fonte: Coins, 2017.

Outra forma bastante específica de apoiar um evento é disponibilizar voluntários, isto é, pessoas que poderão executar algum serviço dentro do escopo do evento e ajudar desde a parte operacional, como montagem de *kits*, apoio em informática e tecnologia, limpeza e organização geral, até questões mais estratégicas, como planejamento, confecção de apresentações, transporte de palestrantes e cuidados médicos.

Logo, os voluntários são uma forma de apoio, pois o evento não precisará pagar por seus serviços, uma vez que eles são remunerados pelas empresas que oferecem essa oportunidade e, consequentemente, significam uma economia no evento, já que não será mais necessário contratar alguém para aquela tarefa específica.

Perguntas & respostas

O que é mais importante: apoiadores ou voluntários em um projeto ou evento?

É difícil definir se existe uma categoria mais importante entre essas duas. Pensando de maneira conceitual, ambas minimizam o custo total do projeto ou evento, uma vez que deixamos de desembolsar com mídia, no caso de um apoio, ou com a contratação de terceiros, no caso de voluntários.

Porém, vale ressaltar que a importância dependerá do evento e de seus captadores. O apoio pode ser mais importante, por exemplo, se estamos à frente de um projeto pequeno que precisa de ajuda na divulgação. Nesse caso, provavelmente será mais eficaz fechar parcerias com empresas e *sites*. Já em um projeto que envolve muito trabalho manual, talvez os voluntários sejam mais importantes.

6.3 *Marketing* relacionado à causa

O *marketing* relacionado à causa é uma estratégia de longo prazo, por conta de suas características específicas. As empresas aproveitam uma causa para alavancar sua imagem ou sua marca de fato. Em outras palavras, as empresas buscam algumas causas para inseri-las em suas práticas usuais de venda e divulgação e, em contrapartida, ajudam uma causa ou um projeto.

Por exemplo, minha empresa fabrica bebidas que são vendidas em garrafas de vidro. Estimulo as pessoas a devolver as garrafas vazias e, em contrapartida, a empresa plantará três árvores para cada garrafa doada. Outro exemplo: minha empresa vende produtos em embalagens de plástico e lanço uma campanha por meio da qual, a cada cinco embalagens devolvidas, metade do valor dos produtos vendidos (provenientes das embalagens recicladas) irá para uma instituição de apoio à luta contra o câncer.

Esse método de captação de recursos deve ser muito bem estudado e planejado, principalmente levando em consideração que no Brasil a prática ainda é incipiente. A seguir, listaremos alguns pontos de atenção para que você avalie se o método é valido ou não para seu projeto ou sua instituição.

Reavalie sua equipe e se vocês têm condições de tocar uma parceria nesse formato. Afinal, é um trabalho conjunto que exigirá esforços de ambos os lados, da empresa e do projeto ou da instituição, para que se alcance o planejado. Ter uma equipe dedicada ao *marketing* da causa (parceria) ajuda não só na entrega, mas também no sucesso da equipe e do projeto de maneira geral.

Assim, busque empresas alinhadas com a causa do projeto ou que tenham uma atuação de destaque onde o projeto será implantado. Essas características podem ajudar no fechamento da parceria e na campanha em si. Tenha sempre em mente quais são os benefícios e o que a empresa ganhará firmando a parceria com você.

Por fim, assim como no pedido de patrocínio, você precisará apresentar uma proposta. O que vai diferenciar a proposta de *marketing* relacionado à causa é a identificação da causa e, principalmente, como será a relação comercial entre as partes, ou seja, quando o projeto receberá os valores arrecadados, quanto tempo a campanha ficará em vigor, se há chance de renovar a parceria, além de fornecer indicadores que demonstrem se a campanha está alcançando os números esperados. Como é uma estratégia de longo prazo, provavelmente demorará certo tempo para que ganhe maturidade e represente valores expressivos.

Perguntas & respostas

O *marketing* relacionado à causa beneficia mais a empresa ou o projeto que está sendo ajudado?

Apesar de ser possível medir os resultados desse tipo de ação por meio da análise do aumento nas vendas e do impacto social promovido pela instituição, é difícil identificar quem será mais beneficiado.

Para ficar mais claro, vamos pensar em outro exemplo. Uma empresa que produz chinelos resolve usar apenas a matéria-prima de uma tribo indígena do Amazonas, promovendo assim benfeitorias para a tribo e seus moradores. Por mais que consigamos medir as vendas de chinelos, não será possível auferir o impacto das benfeitorias para as famílias que vivem na tribo. No entanto, é certo que os envolvidos poderão ser beneficiados social e financeiramente.

Síntese

Neste capítulo, vimos que as empresas também podem ser uma boa fonte de captação. Mesmo que ofereçam uma burocracia maior que as pessoas físicas, por exemplo, é possível captar grande valores com patrocínios, desde que consigamos reunir um bom projeto com uma empresa que acredita e apoia a causa. Além disso, mesmo que a empresa não disponha de recursos financeiros, o apoio de voluntários e o uso de campanhas de *marketing* relacionado à causa podem ajudar o projeto na redução dos custos, permitindo que a empresa passe por um processo de alavancagem da marca, de produtos ou serviços.

Questões para revisão

1. Neste capítulo, exploramos quatro elementos essenciais que devem constar em uma proposta de patrocínio. Cite e explique cada um deles.
2. Analise as afirmações a seguir:
    I) Ao buscarmos patrocínio, é possível que a empresa faça uma avaliação dos seguintes itens: alcance, público-alvo, tamanho ou número de participantes e potencial deles.
    II) Uma boa proposta de patrocínio deve apresentar apenas as contrapartidas oferecidas à empresa.
    III) Não é necessário criar ou estipular níveis de patrocínio, pois, quando buscamos patrocínio, qualquer valor será aceito.

IV) Quando uma empresa disponibiliza um voluntário ou um espaço para eventos, podemos considerar essa ação uma forma de apoio.

V) Se uma empresa cria uma campanha na qual para cada produto vendido uma porcentagem será destina à causa X, por ela apoiada, estamos falando de *marketing* relacionado à causa.

Estão corretas:

a) Apenas I.
b) I, II e III.
c) I, II, IV e V.
d) I, III e V.
e) Todas as afirmações.

3. É uma estratégia de longo prazo, por conta de suas características específicas. As empresas aproveitam uma causa para alavancar sua imagem ou sua marca de fato. Em outras palavras, buscam algumas causas para inseri-las em suas práticas usuais de venda e divulgação e, em contrapartida, ajudam uma causa ou projeto. O texto alude a uma forma de captação de recursos conhecida como:
a) parceria.
b) apoio.
c) voluntariado.
d) *marketing* relacionado à causa.
e) patrocínio.

4. Minimiza os custos do projeto e, além disso, é importante nos eventos e/ou projetos nos quais são necessários muitos trabalhos manuais para alcançar as metas e, consequentemente, os objetivos. Estamos falando de:

a) parceria.
b) apoio.
c) voluntariado.
d) *marketing* relacionado à causa.
e) patrocínio.

5. Qual é a diferença entre *apoio* e *voluntariado*?

Para saber mais

Patrocínio Brasil

A empresa dispõe de informações e eventos sobre *marketing* de patrocínio, incentivo e financiamento no Brasil. Atua com todos os agentes envolvidos em projetos, como instituições, criadores, produtores, patrocinadores, agências de propaganda, *marketing* e fornecedores de serviços em projetos de patrocínio das áreas cultural, esportiva, social e de negócios. Essas informações e muitas outras você pode encontrar no *site* da empresa.

PATROCÍNIO BRASIL. Disponível em: <www.patrocinio.net.br/index>. Acesso em: 28 jan. 2019.

Adote um Briefing

Em um capítulo que abordamos patrocínio e apoio, uma iniciativa muito interessante é a do Adote um Briefing, *site* que busca agências de publicidade e escritórios de *design* que queiram adotar o *briefing* de uma instituição ou projeto, ou seja, atender a demanda daquele projeto, inclusive prazos, garantindo o que foi pedido. Para saber mais, acesse o *site*.

ADOTE UM BRIEFING. Disponível em: <http://adoteumbriefing.org/>. Acesso em: 28 jan. 2019.

Prosas

Você pode estar se perguntando, se existe um *site* no qual patrocinadores e projetos possam se encontrar. A resposta é *sim* e seu lema é "Conectamos quem patrocina e quem executa projetos sociais". Para saber, acesse o *site*.

PROSAS. Disponível em: <https://prosas.com.br/>. Acesso em: 28 jan. 2019.

7 Captação de fundações

Conteúdos do capítulo:

» Financiamento.
» Apoio a causas.
» Fundação.
» Propostas.
» SWOT.

Após o estudo deste capítulo, você será capaz de:

1. identificar os três principais tipos de fundação, suas principais características e analisar aquela que está mais alinhada ao projeto;
2. elaborar uma carta de proposta e apresentá-la a uma fundação com o propósito de conseguir fundos para um projeto;
3. reconhecer a importância da transparência na prestação de contas a fim de construir uma relação saudável e de credibilidade com a fundação, para que seja possível apresentar novos projetos no futuro.

Neste capítulo, talvez você enxergue as fundações como acolhedoras dos captadores e das causas. Veremos, de alguma forma, se esse é de fato o papel delas. Afinal, as fundações têm como principal objetivo financiar e apoiar causas. Heyman e Brenner (2017) reforçam essa ideia ao observar que mais de 55 bilhões de dólares foram doados por fundações nos Estados Unidos e que a *Foundation Center* seleciona mais de 140 mil financiadores ao redor do mundo. Ou seja, buscar o apoio e o financiamento de fundações e instituições pode ser uma boa oportunidade.

Vamos para o primeiro passo desse processo: como chegar até as fundações. O melhor caminho para isso é perguntar para quem já teve a oportunidade de se reunir com fundações. Isso porque parte do processo para conseguir os recursos assemelha-se muito a uma entrevista de emprego. A fundação de fato realizará uma entrevista com o captador, ou com a equipe que for até a reunião, com o propósito de conhecer o projeto, seus objetivos e assuntos que sejam de seu interesse. Por isso, conversar com pessoas que já passaram por essa experiência pode ajudar no processo. Porém, se essa orientação não for possível, as fundações geralmente estão abertas a fazer reuniões com captadores, só que as primeiras delas serão muito mais para conhecer o processo e o que você tem para apresentar do que para captar valores.

7.1 Tipos de fundação

Agora que conseguimos dar o primeiro passo, vamos conhecer os tipos de fundação que encontraremos e suas principais características.

7.1.1 Fundação privada

Assim como as empresas privadas, essas fundações são mais profissionais e geralmente funcionam de modo parecido com uma empresa no que diz respeito a estratégias e colaboradores. Isso significa que, de alguma forma, elas já têm um plano traçado acerca de em quais projetos investir. O ponto mais positivo é que essas fundações gostam de investir em projetos inovadores ou que promovam alguma melhoria significativa. Em contrapartida, costumam exigir um planejamento detalhado e que demonstre como será a continuação do projeto depois que o investimento for consumido.

Também são fundações privadas as fundações familiares que, de alguma forma, são formadas por doadores que decidiram se reunir para potencializar suas doações e seus financiamentos por meio de uma fundação. O ponto positivo é que elas tendem a investir grande valores, como se fossem os grandes doadores. Por outro lado, as doações estarão alinhadas com causas pessoais ou da família, não importando tanto o nível de detalhamento do planejamento, como ocorre nas fundações privadas.

7.1.2 Fundação comunitária

Como o próprio nome diz, é uma fundação da comunidade ou formada por pessoas da comunidade. Ajuda projetos, causas ou captadores mais novos ou que estejam ingressando nesse mercado. Por serem comunitárias, são focadas em regiões específicas, geralmente nas comunidades que representam. E, justamente por essa veia humanitária, costumam muitas vezes ajudar não só com financiamento, mas com orientações profissionais, técnicas e *coworking* (espaços comuns de trabalho).

7.1.3 Fundação empresarial

O nome nos leva a pensar que é uma empresa, mas, na verdade, podemos defini-la como o braço social de uma empresa. As fundações devem funcionar de maneira independente da empresa. No entanto, o poder financeiro da fundação depende diretamente dos valores disponibilizados pela empresa, ou seja, apesar de terem funcionamentos distintos, as decisões são compartilhadas de alguma forma. Isso ocorre porque essas fundações apoiarão causas que façam sentido para a empresa ou para a comunidade na qual a empresa está inserida. Logo, há muita semelhança com as fundações privadas no que diz respeito à parte documental e ao critério mais rigoroso na seleção de projetos e causas.

7.2 Estratégias para fazer a aproximação da fundação

Já sabemos a forma de nos aproximar das fundações – por meio de outros projetos ou captadores que já tenham mantido relação com elas – e os tipos de fundação que podemos pesquisar e abordar. Falta agora fazermos um *checklist* de nosso projeto e de nossa causa para apresentá-los aos investidores, isto é, às fundações.

Certifique-se de que a estratégia do projeto está realmente alinhada com todas as outras etapas e que o resultado é viável, assim como a entrega do projeto como um todo. É importante checar se o plano prevê fontes financeiras (além da fundação ou instituição), sistemas de controle do que está sendo proposto, emissão de relatórios para acompanhamento do negócio, equipe e recursos suficientes (ou previstos) para munir o projeto todo e, por fim, documentos que comprovem tudo isso.

Cumpridos todos esses passos e verificações, é hora de fazer nosso pedido de apoio e/ou financiamento. Antes, uma informação importante sobre o capital investido: ele pode ser um capital carimbado (ou restrito), ou seja, que necessita ser usado em uma causa ou em um projeto específico, ou um capital não carimbado, que tem seu uso livre. É um ponto de atenção, pois, na prestação de contas, se um valor carimbado não for usado da maneira correta, pode chegar ao ponto de ter de ser devolvido à instituição.

Então, vamos ao pedido. Nesse ponto, podemos traçar um paralelo com um relacionamento pessoal – amizade, namoro ou casamento. Ao conhecermos uma pessoa, pedimos dinheiro emprestado a ela? Provavelmente, a resposta comum será *não*, pois, para que possamos fazer um pedido dessa magnitude, é preciso haver uma relação estabelecida – e mais: laços de confiança e de credibilidade estabelecidos.

Levando em consideração o momento globalizado no qual estamos inseridos e a tecnologia a que temos acesso, um dos meios mais fáceis de se aproximar de contatos profissionais são as mídias sociais. Nesse caso, a melhor ferramenta tende a ser o LinkedIn, por seu perfil profissional. Seguir o contato, curtir e comentar seus textos, compartilhamentos e interesses pode ser uma forma eficaz de se aproximar. Outra forma que também sempre funciona é a indicação de um colega de trabalho, de alguém da equipe ou de pares de trabalho – com certeza, esta é a ponte mais curta para se conseguir abertura.

E aqui vai a dica de uma ferramenta que pode ajudar a monitorar um tema ou uma pessoa. O Google disponibiliza o Google Alerts, ferramenta por meio da qual podemos cadastrar um nome, termo ou parte de uma frase e pedir ao Google que nos avise sempre que encontrar algo relacionado ao que foi cadastrado. Pode ser uma ótima oportunidade de ler textos, saber de eventos e se preparar para abordar a pessoa ou a empresa com a qual gostaríamos de ter contato.

Estamos quase lá! Sabemos de maneira macro quais são os tipos de fundação existentes e como elas funcionam; checamos nosso projeto para ter certeza de que a estratégia é consistente e pode entregar o resultado esperado; e, por fim, já temos contato com a pessoa que nos abrirá um espaço na fundação. Chegou a hora de marcar uma reunião, presencial ou por telefone, para começarmos a entender o funcionamento da fundação e todos os requisitos que precisamos colocar em nossa carta de proposta.

Perguntas & respostas

Por que captar recursos de fundações?

As fundações são uma fonte de captação de recursos que apresenta pontos positivos e negativos. O ponto positivo é que as fundações têm como princípio ajudar causas sociais, o que pode dar uma falsa impressão de que os recursos nessa modalidade são mais fáceis de serem conquistados. E, dessa possível facilidade, decorre o ponto negativo, pois, como as fundações geralmente investem grandes valores, o processo de captação costuma ser mais burocrático e rigoroso.

As fundações são uma fonte a ser consultada, assim como todas as outras que já estudamos, para que, depois, com a equipe do projeto, seja possível priorizar as melhores fontes e gastar a energia e o tempo da equipe nelas.

7.3 Carta proposta

Outro nome comum para a carta proposta é *documento de intenção*, que comunicará de forma clara e objetiva itens como o valor solicitado e como este será usado, os principais dados da empresa, instituição ou projeto que está solicitando o capital e qual é o ponto de intersecção entre o projeto e os financiadores. Neste tópico, abordaremos um pouco melhor como essa comunicação será feita.

Antes de começar a escrever, certifique-se de que durante as reuniões os financiadores pediram que você enviasse uma proposta, a formalizaram por *e-mail* ou abriram algum edital, pois a chance de um desses financiadores ler uma carta ou um projeto não solicitados deve estar perto de zero, mesmo porque, se não houver certa seleção, eles não terão outra função além de analisar propostas. Outro fator é que, na maioria das vezes, nos sentimos incomodados de alguma forma quando recebemos um *e-mail* ou uma correspondência que não estávamos esperando.

Esse documento que vamos redigir para entregar na fundação exige muita atenção. Podemos compará-lo a um mapa que nos levará a algo grandioso, ou seja, se tentarmos um atalho não indicado, pode ser que cheguemos ao ponto de encontro, só que tarde demais. Assim, vamos explorar alguns passos para redigir um bom documento, isto é, uma boa proposta:

» Lembre-se de todas as informações que foram trocadas nas reuniões, principalmente detalhes como formato da carta, valores, prazos e tudo o que for específico para a proposta e posterior avaliação.
» Comece o documento apresentando a empresa, instituição ou projeto que representa. Aqui, vale ressaltar os princípios

da organização ou do projeto e, principalmente, quais são os pontos que o aproximam dos financiadores.

» Aproxime sua linguagem à dos financiadores, lembrando que as prioridades da instituição devem estar alinhadas ao projeto, ou seja, este deve ter embasamento nos princípios da fundação e dos financiadores.

» Inclua nos primeiros parágrafos o valor solicitado e como este será usado; não se apegue a detalhes, e sim ao fluxo macro de uso e aplicação desses recursos.

» Mostre visão de futuro, ou seja, faça um exercício das ações que podem ser alcançadas com o valor aportado. Por exemplo, hoje atendemos 50 crianças; com o investimento recebido, após 6 meses atenderemos 100 crianças.

» Apesar de redundante, tenha certeza de que as contas estão certas e fazem sentido, pois o orçamento é item essencial, que permite chegar ao valor solicitado. Afinal, você não investiria capital em um projeto cujo orçamento não fecha, certo?

» Demonstre que você e sua equipe são credenciados para o projeto. A melhor maneira de fazer isso é valorizando o histórico profissional da equipe. Foque em outros processos de captação dos quais as pessoas tenham participado e nos resultados alcançados.

» Preocupe-se com a formatação e a estética do trabalho. Você não precisa ser um usuário avançado dos programas de edição de textos, mas mostre padrão, coerência e lógica em seu trabalho.

» Por fim, acompanhe o *status* de sua proposta (*follow-up*) por *e-mail* ou telefone, o que for mais conveniente para a instituição. E a dica mais valiosa de todas: receber uma negativa geralmente é a primeira parte do processo e não significa que não conseguirá o investimento. Muitas vezes, pode ser um alerta para que você melhore sua proposta e a reapresente em um momento oportuno.

7.4 Prestação de contas

Esse é um aspecto que pode definir se conseguiremos novamente um financiamento ou não. Isso porque as fundações valorizam muito o acompanhamento dos valores investidos, ou seja, como eles estão sendo usados e qual é o impacto positivo que essas ações estão causando no projeto e nas pessoas alcançadas por ele. Assim, é essencial que o captador tenha uma forma confiável de controlar os valores e os gastos e, acima de tudo, preze pela transparência em todos os processos, financeiros ou não.

Partindo do princípio de que os investidores podem solicitar e questionar qualquer ação ou gasto a qualquer tempo, a transparência e o envio de relatórios periódicos é a melhor maneira de demonstrar o quanto o projeto se preocupa com as ações que estão sendo possíveis com os valores investidos. Nesse sentido, uma ferramenta que pode ser utilizada para acompanhamento do projeto e posterior prestação de contas é a análise SWOT (do inglês *strengths*, *weaknesses*, *opportunities* e *threats*), ou, em português, análise FOFA: forças, oportunidades, fraquezas e ameaças.

Figura 7.1 - Análise SWOT ou FOFA

Por meio da análise FOFA, você será capaz de mapear todas as fases do projeto, inclusive ameaças – ou seja, riscos mapeados ou não que podem afetar o projeto –, e identificar as fraquezas, que podem ser desde processos ineficientes até um colaborador que não se encaixou no projeto. Não só isso, será capaz de propor melhorias e otimizar ainda mais o projeto quando identificar as pessoas ou os processos que trazem mais força à ação.

Um método interessante, segundo Heyman e Brenner (2017), é o uso de um modelo lógico, que pode ser um esquema geralmente feito com uma folha na horizontal que contenha: 1) recursos e entradas; 2) estratégias e objetivos; 3) desempenho;

e 4) resultados. O interessante desse método é que, além de podermos acompanhar com processos ou palavras-chave, também é possível traçar uma linha ou um fluxo dos gastos.

Por fim, mais duas dicas que farão com que seu projeto ganhe mais credibilidade da parte dos investidores. Sempre que precisar divulgar más notícias, ou seja, um problema inesperado, ou mesmo que o projeto não será possível, comunique imediatamente seu financiador. Essa ação mostra sua preocupação com o sucesso do projeto e, em alguns casos, os financiadores podem até superar ações para sobrepor as dificuldades.

Sempre que possível, contrate alguma empresa externa, de preferência indicada pelo financiador, para auditar as contas do projeto. Isso demonstra o quanto você se preocupa com a transparência e que realiza trabalhos nos quais não serão encontrados desvios ou ações que comprometam os valores e as pessoas envolvidas.

Perguntas & respostas

É sabido que prestar contas é importante em todas as atividades. Na captação de recursos, existe algum ponto específico ou de maior atenção?

Quando o dinheiro de terceiros nos é confiado, todo o cuidado e zelo serão essenciais. Prestar contas na captação de recursos não difere muito da prestação em empresas privadas, por exemplo. Talvez a principal diferença é que, em muitos casos, prestaremos contas direto para a pessoa que fez uma doação, por exemplo, e ela, em seu direito, pode questionar ações ou maneiras como os valores foram investidos, cabendo ao captador fazer as justificativas de forma clara e com base nos documentos.

Vale ressaltar que o melhor método de prestação de contas pode ser combinado entre captador e financiador ou doador. Ou seja, se pedirem prestações diárias, semanais ou mensais, cabe ao captador se adequar e entregar os relatórios conforme acordado.

Síntese

Neste capítulo, vimos que as fundações financiam não apenas projetos sociais, mas todos aqueles que apresentam pontos em comum com as pessoas que estão à frente das instituições. As fundações privadas têm uma maior mobilidade no emprego dos valores, enquanto as empresariais buscam causas ligadas ao interesse da empresa que deu origem à fundação.

Evidenciarmos ainda que é essencial a apresentação de uma boa carta proposta, que, de maneira resumida, explique por que a fundação deve investir no projeto. Por fim, mostramos a importância de prestar contas e de acompanhar o projeto de perto, sempre comunicando os investidores a respeito das boas e más notícias. Transparência gera credibilidade e pode garantir portas abertas para um futuro projeto.

Questões para revisão

1. Quais são os três tipos principais de fundações que podemos acessar para obter financiamento? Explique as principais características de cada uma delas.

2. Avalie as afirmações a seguir:
   I) Começamos uma carta proposta apresentando a empresa, instituição ou projeto que representamos, ressaltando os princípios da organização ou projeto e principalmente quais são os pontos que aproximam esse projeto dos financiadores.
   II) A linguagem deve ser rebuscada e não devemos levar em consideração a forma como os possíveis financiadores se comunicam.
   III) Inclua nos primeiros parágrafos o valor solicitado e como este será usado, não se apegue a detalhes e ao fluxo macro de uso e aplicação desses recursos.
   IV) Esqueça o futuro e foque no presente, afinal, os investidores querem saber quais resultados podem ser alcançados amanhã.
   V) Item essencial é o orçamento, que permite chegar ao valor solicitado. E, apesar de redundante, tenha certeza de que as contas estão corretas e fazem sentido.

   Estão corretas as afirmações:
   a) II e IV.
   b) Todas as afirmações estão corretas.
   c) I, III, IV e V.
   d) I, III e IV.
   e) I, III e V.

3. Uma ferramenta que pode ser utilizada para o acompanhamento do projeto e a posterior prestação de contas é a análise SWOT ou, em português, FOFA. Os quatro aspectos avaliados por essa ferramenta são:

a) *gaps*, oportunidades, fraquezas e problemas.
b) forças, falhas, fraquezas e financeiro.
c) forças, oportunidades, *gaps* e ameaças.
d) financeiro, oportunidades, fraquezas e ameaças.
e) forças, oportunidades, fraquezas e ameaças.

4. Segundo Heyman e Brenner (2017), o uso de um modelo lógico pode facilitar bastante a prestação de contas. Esse modelo pode ser um esquema, geralmente feito com uma folha na horizontal, e deve conter quatro elementos. O interessante desse método é que, além de acompanhar com processos ou palavras-chave, é possível traçar uma linha ou fluxo dos gastos. Esses quatro elementos são:
   a) recursos e entradas; estratégias e objetivos; desempenho; e notas fiscais e recibos.
   b) valor doado; estratégias e objetivos; gastos; e resultados.
   c) recursos; objetivos; desempenho; e resultados.
   d) metas; estratégias; desempenho; e objetivos.
   e) recursos e entradas; estratégias e objetivos; desempenho; e resultados.

5. A carta proposta também pode ser chamada de *carta de intenção* e é esperado que esse documento comunique alguns itens importantes e essenciais para uma possível captação de recursos. Quais itens a carta proposta ou de intenção deve comunicar?

Para saber mais

Prosas

Sim, vamos reforçar a indicação de uma fonte sugerida no capítulo anterior. Você já deve ter acessado o *site* Prosas para ver se consegue encontrar conexão entre seu projeto e quem o patrocina. O *site* também disponibiliza uma seção só com editais, frente que podemos usar para encontrar fundações que financiem nossos projetos.

PROSAS. Disponível em: <https://prosas.com.br/>. Acesso em: 31 jan. 2019.

Foundation Center

Este *site* pode ser consultado para auxiliar em quase todos os capítulos deste livro. Nele, você encontra a maior base de investidores sociais. Conheça a missão, a visão e os valores da fundação. Você notará, por exemplo, que entre os valores da fundação estão a filantropia, que é "um mecanismo para mudanças sociais positivas em todo o mundo", a transparência e a responsabilidade, que "são chaves para ganhar a confiança pública".

FOUNDATION CENTER. Disponível em: <http://foundationcenter.org/>. Acesso em: 31 jan. 2019.

8 Negócios sociais

Conteúdos do capítulo:

- » Poder Público.
- » Projetos sociais.
- » Doações.
- » Geração de renda.
- » Trabalho colaborativo.

Após o estudo deste capítulo, você será capaz de:

1. identificar negócios ou projetos sociais e suas causas ou soluções motoras;
2. reconhecer que esses negócios, diferentemente das empresas, geram receitas para reinvestir na causa e aumentar seu alcance ou o número de projetos atendidos;
3. identificar as principais fases de um projeto, assim como uma solução para a falta de doações ou investimentos e como gerar recursos próprios.

Antes de começarmos de fato as discussões sobre negócios sociais, vale uma reflexão sobre como eles surgem e suas principais motivações. Encontraremos questões sociais a serem resolvidas em qualquer parte do mundo, como campanhas educacionais para melhorar o trânsito ou uma campanha para o uso de preservativos e a prevenção de doenças sexualmente transmissíveis.

Essas oportunidades aparecem porque o Poder Público geralmente não consegue atuar em todas as frentes, sendo que algumas questões são priorizadas enquanto outras são até esquecidas. Assim, os projetos sociais também nascem para suprir esse *gap*, que não tem previsão ou planos para serem tratados. É comum que o Poder Público incentive algumas organizações não governamentais (ONGs), por exemplo, justamente por elas fazerem parte do serviço que caberia a ele.

Quando falamos de projetos sociais tocados pela iniciativa privada, muitos sobrevivem com doações de empresas ou pessoas físicas e com a geração de renda própria, como veremos a seguir neste capítulo. Essa é a maneira pela qual muitos projetos complementam os valores obtidos em editais públicos, por exemplo.

Vale ressaltar que todos os projetos têm seu nascimento na iniciativa privada, porém nem todos prosseguirão apenas com recursos privados, e é muito comum que os captadores busquem mesclar as fontes de captação para garantir a existência saudável do projeto ou da instituição.

Os projetos sociais bem estruturados vêm ganhando cada vez mais espaço na sociedade atual e seus benefícios, segundo Santos et al. (2012), são:

» Promover ações organizadas que conseguem interagir com as constantes mudanças de nossa sociedade.
» Promover ações com foco nos resultados, ou seja, são pensadas e executadas buscando a eficiência (meios utilizados) e a eficácia (resultados atingidos).

» Ter papel importante no trabalho colaborativo, afinal, não é incomum que vejamos Poder Público, iniciativa privada e pessoas físicas participando e atuando em um mesmo projeto. Quanto mais redes de colaboração a sociedade conseguir formar, mais os trabalhos sociais tendem a alcançar seus objetivos.

» Promover o capital intelectual, ou seja, o aprendizado e as memórias das ações feitas, assim como seus benefícios e problemas. Assim, quando captadores fazem intercâmbio entre projetos distintos, levam consigo o aprendizado e a bagagem profissional.

Por atuarem de maneira micro, ao contrário do Poder Público, que atua de maneira macro, fica mais fácil alcançar os objetivos e resultados, por se tratar de um problema ou comunidade específicos.

Perguntas & respostas

Em algumas ocasiões, o Poder Público incentiva os negócios sociais. Por que existe incentivo para esses negócios, mas não para projetos particulares, por exemplo?

Há muitos problemas que são causados pela falta de colaboradores ou por priorização de situações emergenciais por parte do Poder Público. Quando um negócio é apresentado e visa sanar esses problemas, uma forma de o Poder Público se redimir e mostrar que se preocupa com essa problemática é apoiar esses projetos, que, de alguma forma, ajudarão as entidades públicas a cumprir seus deveres sociais.

Quanto ao incentivo para projetos privados, é necessário que exista um padrão e regras públicas para que a ajuda ocorra. Uma das formas encontradas pelo Poder Público para ajudar projetos particulares são as leis de incentivo, conforme já estudamos.

8.1 Fases dos negócios (projetos) sociais

Esse título fala sobre *negócios sociais*, e em muitos momentos durante o texto falamos de *projetos sociais*. De maneira geral, todos os negócios sociais nascem ou são concebidos de projetos, alguns menores e localizados, outros maiores e mais ambiciosos. Geralmente, os menores alcançam seu objetivo e, em alguns casos, não têm continuidade. Já os maiores, em sua maioria, ao alcançar sucesso, costumam aumentar sua atuação e buscar frentes diferentes de problemas sociais, o que caracteriza esse projeto do passado como um negócio, parecido com uma empresa, mas que não tem como fim o lucro.

Negócio no sentido de pessoas que movimentam muito mais que uma comunidade específica e, em alguns casos, até organismos internacionais para prover uma solução, bem como no sentido dos sinônimos do termo, como *acordo, transação, relação* ou *trato*. A seguir, vamos explorar as fases presentes em um projeto ou negócio social.

Vale lembrar que o que exploraremos não é um modelo engessado de projetos sociais, e sim passos macros que encontraremos nos projetos. Conforme vimos, existe uma estrutura ("esqueleto") padrão para se montar um projeto, porém isso não significa que todos seguirão a mesma estrutura, pois, se os fins são diferentes, provavelmente serão necessários ajustes no modelo.

Santos et al. (2012) sugerem quatro passos que a maioria dos projetos sociais segue:

1. **Identificação do problema** – Se estamos tratando de projetos sociais, também estamos falando de problemas sociais, ou seja, problemas que têm sua origem na realidade de pessoas, comunidades, cidades ou estados. Assim, a maioria dos projetos tem sua origem em uma situação que incomoda alguém ou um grupo de pessoas que começa a refletir sobre possíveis soluções para sanar o problema. Quando essas ideias viram ações e estas, por sua vez, são viáveis, temos um projeto nascendo. Podemos dizer que essa fase seria o *brainstorming* dos projetos sociais.
2. **Elaboração da proposta** – É formal, ou seja, precisamos documentar o que será proposto para que outras pessoas possam avaliar o plano traçado. Essa proposta deve conter o problema, a solução e os caminhos que serão usados para que o projeto atinja seus resultados, ou seja, a solução do problema. É muito parecida com o que já estudamos sobre projetos e sua gestão.
3. **Desenvolvimento e gestão do projeto** – Momento em que colocamos a mão na massa e tudo aquilo que foi visualizado e aceito na proposta será realizado. É importante que a gestão seja participativa para que o projeto possa ganhar em sinergia entre pessoas e processos.
4. **Avaliação e sistematização** – Tanto este como os três passos anteriores estão presentes durante todo o projeto. Afinal, se durante o projeto algo não sair conforme o programado,

teremos de identificar o problema, propor uma solução, desenvolvê-la e aplicá-la de forma que uma rotina seja criada, sempre avaliando cada passo e tornando o processo cada vez mais sistematizado para que o projeto ganhe em autonomia e tempo.

Perguntas & respostas

Qual é a diferença entre as fases dos eventos e projetos e as fases dos negócios sociais?

Existem muitos pontos em comum quando tratamos de eventos, projetos e negócios (projetos) sociais. Porém, ao realizar um projeto social, necessariamente ele deve ter sua origem em um problema, como a falta de saneamento em uma comunidade ou o surto de uma doença em uma cidade. Já os eventos podem ser feitos para comemorar bons resultados alcançados, enquanto os projetos podem nascer para otimizar processos ou produtos já existentes.

8.2 Geração de renda própria

Sabemos que nem sempre será possível conseguir doações e apoio institucional ou participar de editais para cobrir os gastos de um projeto ou uma instituição. Quando passamos por uma situação parecida, uma solução bastante utilizada é a geração de recursos próprios – em outras palavras, uma forma de gerar recursos sem depender de terceiros –, o que, assim como o processo de captação, exige muita energia e dedicação.

Nesse momento, podemos dizer que os projetos se aproximam ainda mais da forma como as empresas atuam, justificando o uso do termo *negócio social*. Ressaltamos que duas características irão diferir os projetos sociais das empresas: 1) os projetos reinvestem todo o valor adquirido no projeto; e 2) não visam o lucro, e sim o suficiente para que o projeto possa ter continuidade.

Antes de ir de fato aos conceitos referentes à geração de renda própria, podemos pensar em um exemplo bastante comum para que essa ideia seja mais bem fixada. É muito comum, por exemplo, que times escolares de futebol, basquete ou vôlei joguem torneios regionais e consigam se classificar. Geralmente, escolas municipais ou estaduais não conseguem bancar os custos para que seu time vá a outro estado e participe do campeonato. Quando isso acontece, é muito comum que os atletas e suas famílias façam rifas para captar dinheiro e possibilitar a viagem. Esse é um exemplo de geração de recursos próprios, pois todo o dinheiro captado será investido na participação do campeonato.

Voltando para a realidade dos negócios sociais, podemos gerar renda de duas maneiras:

1. Quando não existe vínculo direto com a missão ou a causa do projeto. Por exemplo, uma instituição que cuide de crianças e tenha dentro dela uma loja que vende brinquedos, apesar de gerar alguma renda, não está diretamente ligada ao tratamento das crianças.
2. Com vínculo direto com a causa. Usando o mesmo exemplo, se a instituição criasse um meio de captar doações de brinquedos e fizesse a venda destes com o auxílio de voluntários, aplicando os valores diretamente nas instalações e na ampliação da instituição.

Antes de seguirmos, um ponto de atenção: se é criado algum projeto ou alguma situação para angariar fundos e o arrecadado apenas cobre os custos das ações realizadas, não estamos falando de geração própria de recursos, e sim de um evento isolado. Para que seja considerado geração de renda, o arrecadado deve ser maior que o montante gasto.

Se estamos falando de um negócio, alguns cuidados pertinentes devem ser levados em consideração. Muitas empresas têm sua falência decretada nos primeiros anos de existência, o que não é diferente para os negócios sociais. Assim, se o objetivo é apenas aumentar a receita, a geração de recursos próprios não parece a melhor solução, e sim um engajamento maior na captação de patrocínios ou doações.

Nesse contexto, tenha certeza de que as ações programadas estão alinhadas com o orçamento previsto, levando em consideração o dinheiro em caixa e as possíveis doações ou investimentos. Ou seja, certifique-se de que os custos serão no mínimo iguais aos recebimentos. O termo em inglês para esse equilíbrio é *breakeven*.

Sempre tenha um plano B ou outras estratégias que facilitem alcançar o orçamento proposto, mesmo que durante o processo algo dê errado. Todo projeto ou ação apresenta riscos e, sempre que possível, esses riscos devem ser mapeados. O ideal é que tenhamos várias propostas de soluções para superar esses obstáculos, conforme vimos ao estudar a gestão de eventos e projetos.

Para promover a geração de renda e a venda de produtos ou serviços, deixe seu lado empreendedor e o de sua equipe aflorar. Afinal, a chance de que existam projetos com as mesmas causas do seu e que promovam ações parecidas com a de seu projeto é muito alta. Assim, é necessário ter uma diferenciação em relação aos concorrentes para que suas ações de fato gerem resultado.

Por fim, lembre-se de que é muito mais fácil poupar dinheiro que conseguir novos valores. Dessa forma, ao fazer o orçamento de seu projeto ou negócio, tenha em mente a importância de contar com uma porcentagem da receita reservada para emergências. Por mais que pareça fácil, por exemplo, fazer um bazar, vender produtos e conseguir receita, nem sempre é tão fácil conseguir o montante necessário. Afinal, como diz um provérbio popular "mais vale um pássaro na mão que dois voando".

Perguntas & respostas

É muito comum escutar que pais se juntam e vendem rifas ou doces para financiar a participação de um time ou de atletas em competições internacionais. Esse seria um exemplo de geração própria de recursos?

Sim. Se considerarmos que o projeto é participar da competição internacional X e que as doações ou financiamentos não supririam os valores estimados, a venda de rifas ou doces seria responsável por gerar recursos que poderiam ser reinvestidos no projeto, possibilitando a ida do time e dos atletas à competição.

Síntese

Neste capítulo, vimos que é possível gerar alguma renda diante da falta de doações e investimentos, porém nem sempre essa solução será a melhor. Diferentemente do que muitas pessoas pensam, para esse tipo de ação também são necessários planejamento e estudo, pois o simples fato de vender um produto ou serviço não garante receita para o projeto.

Por outro lado, se a estratégia for bem pensada e a geração de receitas próprias for bem estruturada, podemos garantir um projeto financeiramente saudável. Lembrando que o ideal é que essa geração tenha ligação com a causa do projeto para que o apoio seja melhor e as pessoas enxerguem um propósito mais claro e, consequentemente, ajudem ou engajem outras pessoas ou empresas na causa.

Tudo isso sem esquecer que os negócios sociais existem para auxiliar pessoas, grupos, comunidades, cidades e afins que realmente tenham problemas sociais ainda não resolvidos. Entrar em um negócio social que não tenha propósito claro ou não seja transparente pode significar que o propósito desse projeto não seja realmente as causas sociais, e sim privadas.

Questões para revisão

1. Ao identificarmos um problema social, é essencial que possamos detectar as causas e pensar na solução para que tenhamos um plano de ação ou projeto, o qual deve ter, de maneira geral, quatro passos. Indique se as afirmações a seguir são verdadeiras (V) ou falsas (F) no que se refere a esses quatro passos:

    ( ) Identificação do problema: se estamos tratando de projetos sociais, também estamos falando de problemas sociais, ou seja, problemas que têm origem na realidade de pessoas, comunidades, cidades ou estados. Assim, a maioria dos projetos têm sua origem nos problemas encontrados pelas empresas, que precisam de ideias para sanar e conquistar lucro. Quando as ideias viram ações e estas, por sua vez, são viáveis, surge um projeto. Podemos dizer que essa fase seria o *brainstorming* dos projetos sociais.

( ) Elaboração da proposta: é formal, ou seja, precisamos documentar o que será proposto para que outras pessoas possam avaliar esse plano traçado. Essa proposta deve conter o problema, a solução e os caminhos que serão utilizados para que o projeto atinja seus resultados, ou seja, a solução do problema. É muito parecida com o que estudamos sobre projetos e sua gestão.

( ) Desenvolvimento e gestão do projeto: momento em que o projeto é pensado e de fato temos a programação das ações. A gestão é feita a distância, o que minimiza os custos e faz com que o projeto saia mais barato e obtenha mais lucro.

( ) Avaliação e sistematização: se durante o projeto algo não sair conforme o programado, teremos de identificar o problema, propor uma solução (fazer uma proposta) e desenvolver e aplicar a solução cuidando de sua gestão. Tudo isso deve ser feito avaliando cada passo e tornando o processo cada vez mais sistematizado para que ele ganhe em autonomia e tempo.

2. Indique se as afirmações a seguir são verdadeiras (V) ou falsas (F) no que se refere aos projetos sociais:

( ) Promovem ações desorganizadas que conseguem interagir com as constantes mudanças de nossa sociedade.

( ) Promovem ações cujo foco nunca é nos resultados, ou seja, são pensadas e executadas buscando a eficiência (meios utilizados) e a eficácia (resultados atingidos).

( ) Têm papel importante no trabalho colaborativo, afinal, não é incomum que vejamos Poder Público, iniciativa privada e pessoas físicas participando e atuando em um mesmo projeto.

( ) Promovem o capitalismo, ou seja, o aprendizado e memórias das ações feitas, assim como seus benefícios e problemas. Assim, quando captadores fazem intercâmbio entre projetos distintos, levam consigo o aprendizado e a bagagem profissional.

( ) Por atuarem de maneira macro, diferentemente do Poder Público, que atua de maneira micro, fica mais fácil alcançar os objetivos e resultados, por se tratar de um problema ou comunidade específicos.

3. Segundo Santos et al. (2012), a maioria dos projetos sociais segue quatro passos. Um deles é a identificação do problema. Justifique por que esse deve ser o primeiro passo e por que pode ser considerado um dos mais importantes.

4. De maneira geral, quando devemos pensar na possibilidade de geração de recursos próprios para um evento ou projeto?

5. Assinale verdadeiro (V) ou falso (F). Os projetos sociais bem estruturados vêm ganhando cada vez mais espaço na sociedade atual e seus benefícios, segundo Santos et al. (2012), são:

( ) Promover ações organizadas que conseguem interagir com as constantes mudanças de nossa sociedade.

( ) Promover as mais diversas ações buscando resolver a maior parte dos problemas, afinal são tantos problemas que fica difícil definir um foco ou um objetivo.

( ) Ter um papel importante no trabalho colaborativo, afinal, não é incomum que vejamos Poder Público,

iniciativa privada e pessoas físicas participando e atuando em um mesmo projeto. Quanto mais redes de colaboração a sociedade conseguir formar, mais os trabalhos sociais tendem a alcançar seus objetivos.
( ) Promover o capital intelectual, ou seja, o aprendizado e memórias das ações feitas, assim como seus benefícios e problemas. Assim, quando captadores fazem intercâmbio entre projetos distintos, levam consigo o aprendizado e a bagagem profissional.

Assinale a alternativa que apresenta à sequência correta:

a) V, V, V, V.
b) V, F, V, V.
c) V, V, F, V.
d) V, V, V, F.
e) V, F, F, V.

Para saber mais

Yunus Negócios Sociais

A Yunus Negócios Sociais Brasil tem como objetivo desenvolver negócios sociais pelo país por meio de seu fundo de investimentos e de sua aceleradora para negócios sociais. Oferece serviços de consultoria para empresas, governos, fundações e ONGs. Promove negócios sociais no meio acadêmico e realiza palestras, *workshops* e eventos por todo o Brasil. Para saber mais, acesse o *site*.

YUNUS. Disponível em: <www.yunusnegocios sociais.com/>. Acesso em: 31 jan. 2019.

Guia 2.5

Negócios de impacto, segundo o Guia 2.5, são "empreendimentos que têm a missão explícita de gerar impacto socioambiental ao mesmo tempo em que geram resultado financeiro positivo de forma sustentável". Esses negócios foram criados com a intenção de ajudar os negócios e os empreendedores por trás deles. Saiba mais acessando o *site*.

GUIA 2.5. Disponível em: <www.guiadoisemeio.com.br/>. Acesso em: 31 jan. 2019.

9 Maneiras de captar recursos

Conteúdos do capítulo:

» Modelos.
» Base de dados.
» Recursos.
» Alternativas.
» Alcance.
» Estratégia.
» Montante.

Após o estudo deste capítulo, você será capaz de:

1. identificar e replicar diversas maneiras de captação de recursos, como metodologias que exigem baixo investimento (*face-to-face* ou *telemarketing*) ou que demandam um investimento maior (campanhas, apadrinhamento e eventos);
2. apontar alguns exemplos reais das maneiras de captação descritas, o que ajudará na fixação do conceito e em um futuro planejamento para a implantação do método.

Independentemente do valor investido ou da maneira de captação de recursos escolhida, todas demandarão dedicação e energia, afinal, o processo de captação exige tentativas, erros e acertos até chegarmos a um modelo próximo do ideal. Apesar de podermos utilizar nossa base de dados para captação em eventos distintos, provavelmente a estratégia de captação também será distinta, o que não garante que consigamos alcançar o mesmo doador/financiador nas duas oportunidades.

Com certeza não conseguiremos abordar todas as maneiras existentes de captar recursos, pois existem muitas particularidades em países, comunidades, famílias e projetos espalhados pelo mundo. Assim, neste capítulo, apresentaremos algumas práticas utilizadas e conhecidas com a intenção de dar um ou dois exemplos para que fique clara a diferença entre elas.

Mostraremos que nem todas as maneiras se aplicam a todos os projetos e que este é um grande trunfo do captador: identificar a melhor ou as melhores maneiras de captar recursos para o projeto em questão. Outro aspecto que ajudará a identificar a melhor estratégia a ser utilizada é o montante que precisa ser captado. Por exemplo, dificilmente conseguiremos um valor muito representativo em uma única ação de mala direta.

É importante que os captadores façam alguns testes envolvendo as maneiras identificadas como possíveis para o projeto, pois muitas vezes isolamos uma técnica que não deu certo no passado, mas que poderia ter muito sucesso com a equipe específica daquele processo, em razão de esta ter uma relação muito boa com pessoas que podem representar uma porcentagem interessante de recursos, financeiros ou não.

9.1 Mala direta

Os números que temos sobre captações, mais precisamente de valores captados durante um ano, não apresentam uma divisão entre as maneiras usadas na captação. Tanto que, segundo Heyman e Brenner (2017), ainda não podemos saber, por exemplo, quanto dos US$ 373 bilhões recebidos pelas organizações da sociedade civil dos Estados Unidos vieram de malas diretas.

Logo, se você pretende utilizar a mala direta como forma de captação, vamos aos aspectos positivos e negativos dessa técnica. A mala direta é indicada para projetos ou associações que tenham uma grande lista de doadores e potenciais doadores. Isso porque, segundo Heyman e Brenner (2017, p. 111), "a taxa de resposta da mala direta é em média de no máximo 2%". Em uma associação que envia 10 mil malas diretas, por exemplo, apenas duzentas pessoas efetivam a doação.

Além disso, é um método que exige certo investimento, ao contrário de uma divulgação nas redes sociais. Além do custo do material enviado, como cartões, cartas, calendários e envelopes, ainda existe o custo com a logística de entrega, o que torna a mala direta um método relativamente caro perante o retorno médio.

Por outro lado, aquilo que chamamos de *renovação* (quando a pessoa já é uma doadora recorrente) ou os pedidos especiais apresentam uma taxa média de retorno de aproximadamente 15%. Isso significa que, uma vez que a pessoa realiza a doação, ela tende a repetir a doação por certo tempo.

Para melhor utilização da mala direta, vale ressaltarmos alguns pontos:

» Revise constantemente os dados de sua lista, pois malas diretas que retornam só trazem prejuízo. Teste diversos tipos de comunicação com pequenos grupos do banco de dados até chegar a uma que demonstre maior aderência.
» Procure conhecer as pessoas que retornam a mala direta com a doação. Essa é uma forma de garantir um bom relacionamento e mostrar que aquele doador não é apenas um número.
» Por fim, seja objetivo na comunicação, tentando ser sempre o mais breve e objetivo possível. A carta deve informar o problema, a solução e o valor que está sendo solicitado, explicando por que e como essa doação fará a diferença no projeto.

Geralmente, as instituições enviam apenas um boleto, enquanto outras mandam cartões ou calendários mostrando o trabalho do projeto e pedem que você ajude esse trabalho. Um bom exemplo é a Associação dos Pintores com a Boca e os Pés (APBP). A mala direta geralmente não apresenta um período específico e pode acontecer de você recebê-la algumas vezes e depois deixar de receber, em virtude de uma atualização do banco de dados ou por terem mudado a estratégia de captação.

Perguntas & respostas

Existe outro exemplo de utilização de mala direta além da Associação dos Pintores com a Boca e os Pés (APBP)?

Sim. Existem inúmeros outros exemplos. Um deles é o Fundo das Nações Unidas para a Infância (Unicef), que costuma enviar correspondências por meio de malas diretas pedindo doações para seus projetos e frentes de atuação.

9.2 Campanhas periódicas

Em alguns aspectos, essas campanhas são muito parecidas com a mala direta e, em alguns casos, são feitas por meio de malas diretas. A APBP, por exemplo, envia cartões de Natal pedindo uma contrapartida (doação) pelo envio dos cartões. Porém, as campanhas periódicas geralmente têm como pano de fundo a criação de uma marca forte, ou seja, uma campanha que todos saberão reconhecer, o que, de alguma forma, busca enraizar sua causa para conquistar e manter doadores.

Outra característica marcante é que essas campanhas acontecem sempre no mesmo dia ou período do ano, o que leva pessoas e empresas a se prepararem para as doações. Alguns exemplos dessa modalidade são o Criança Esperança e o Teleton. Para ter certeza de que esse método funciona, por mais que você nunca tenha doado ou assistido aos programas de televisão, no caso dessas duas campanhas é bem provável que você saiba quais são as causas ajudadas ou defendidas.

O Criança Esperança atua em prol de crianças e jovens brasileiros, pedindo que a população faça uma reflexão sobre como eles estão vivendo, muitas vezes passando por necessidades. Geralmente, o evento principal acontece em agosto. Já o Teleton propõe uma reflexão a respeito das pessoas com deficiência física, suas limitações e possibilidades. O evento principal costuma ser realizado em outubro.

9.3 Corridas, caminhadas e eventos esportivos

Agora, falaremos um pouco sobre eventos ou causas específicos, os quais merecem um tópico especial, pois geralmente envolvem um público segmentado e que exige ações específicas ou programadas para que os resultados esperados sejam alcançados.

Vem crescendo o número de corridas ou caminhadas que têm como pano de fundo uma causa social. Em São Paulo, a corrida do Instituto Olga Kos de Inclusão Cultural alcançou tanto sucesso que os organizadores deixam as inscrições abertas por tempo limitado e reduzido, já que toda corrida ou caminhada de rua tem um número máximo de participantes.

Muito desse sucesso ocorre por ser um evento dedicado a um público específico, ou seja, pessoas que praticam corrida ou gostam de correr. Isso faz com que a divulgação boca a boca aconteça com maior intensidade. Mais do que isso, mesmo as pessoas que não são esportivas muitas vezes aceitam participar por ser uma prática saudável e pelo fato de a instituição promover um trabalho de destaque na comunidade.

A mesma dinâmica vale, por exemplo, para as partidas de futebol que costumam ocorrer no fim do ano e reúnem jogadores de futebol famosos e artistas de diversas áreas, como a musical e a televisiva. Esses eventos usam a fama e a exposição midiática das celebridades para atingir um número grande de pessoas e, com isso, aumentar a captação, geralmente de alimentos não perecíveis.

Nesse tipo de evento, encontraremos muitas pessoas que nem de futebol gostam, mas a oportunidade de ver alguém de que gostam e, além disso, ajudar uma instituição impulsiona a participação. Uma pessoa impactada poderá divulgar o evento e propor que familiares ou amigos também participem, o que é visto como uma oportunidade de conhecer o ídolo e ajudar alguém que precisa.

Finalizando, é uma tendência que cada vez mais tenhamos ações de captação de recursos ligadas a eventos esportivos ou esportes de fato, pois estes promovem a saúde, tema que tem ganhado cada vez mais espaço entre os brasileiros, seja para recuperar, seja para manter a saúde. Para que esses projetos tenham sucesso, além do que já foi comentado, é imprescindível oferecer um bom serviço.

Em certas ocasiões, notamos que alguns eventos, por terem cunho social, não se importam com a qualidade do que estão oferecendo, pois usam a máxima de que o que vale é ajudar. Porém, o contrário é verdade: quanto maior a organização e a qualidade do serviço oferecido, mais sucesso e maior captação o evento conseguirá.

Perguntas & respostas

Como uma empresa pode usar corridas, caminhadas e eventos esportivos para favorecer uma instituição ou causa específica?

As empresas devem investir cada vez mais nesse tipo de evento, pois, além de serem uma ótima oportunidade de divulgação, associam a marca à qualidade de vida e à saúde. Os exemplos podem ser os mais diversificados possíveis, como uma empresa que vende produtos de Tecnologia da Informação (TI) realizando uma corrida na qual uma porcentagem das inscrições será destinada a uma instituição que cuida de pessoas com câncer.

Diante do exposto, outra pergunta pode surgir: Qual é a relação entre TI e câncer?

Na verdade, não precisa haver uma relação clara entre a empresa e a causa defendida, e sim transparência por parte da empresa ao demonstrar que a ação realmente foi realizada e os valores prometidos chegaram à instituição. E, mesmo que pareça contraditório e até estranho, não seria ilegal uma empresa que vende cigarros, por exemplo, divulgar ou apoiar instituições que cuidam de pessoas com câncer no pulmão.

9.4 *Face-to-face* (face a face)

Outro método utilizado para a captação de recursos é a abordagem pessoal ou o face a face. Na cidade de São Paulo, é muito comum encontrar pessoas vestindo coletes coloridos com a logomarca de alguma campanha ou causa.

A intenção desses captadores é abordar as pessoas que passam pela região onde estão para explicar a causa que defendem, quais são os valores dela e por que estão engajados na intenção de convencê-las a fazer uma doação. Às vezes, eles oferecem alguma contrapartida, como uma camisa ou um *boton* da campanha, para incentivar ainda mais essas pessoas.

9.5 *Telemarketing* e outros métodos

O *telemarketing* ainda é uma estratégia bastante utilizada em captação de recursos. A maioria dos contatos acontece por meio do *telemarketing* ativo, ou seja, uma pessoa ou empresa que já tem uma base de dados de doadores ou potenciais doadores e contatos telefônicos para a captação.

Podemos comparar o funcionamento do *telemarketing* ao *face-to-face*, com a diferença de que o meio de comunicação é o telefone. Geralmente, a receptividade das pessoas não é das melhores e o volume de recursos captados nem sempre é o esperado. Algumas empresas também usam a unidade de resposta audível (URA), equipamento que pode ser programado para receber ou efetuar chamadas de maneira autônoma.

Se no contato pessoal já não se obtém bons resultados, com a URA os resultados costumam ser ainda menos expressivos. No Brasil, há uma onda muito grande de golpes via telefone, o que diminui ainda mais a credibilidade do *telemarketing* ativo e das URAs. Assim, apesar de ser uma prática ainda utilizada, deve dar lugar às mensagens instantâneas e às redes sociais.

Outra modalidade utilizada em momentos e eventos específicos é o *telemarketing* passivo, quando somos responsáveis por atender as ligações. Talvez o melhor exemplo dessa modalidade seja o Criança Esperança, quando, durante a programação, são mostrados artistas atendendo a ligações de pessoas que querem fazer doações ao projeto. Nesse exemplo, é explorada a credibilidade e a simpatia dos artistas com seus fãs, e eles acabam sendo captadores de ligações e, consequentemente, de doações.

9.5.1 Arredondamento da compra

Prática ainda pouco utilizada no Brasil, consiste em sugerir um arredondamento da compra, geralmente centavos, para que o valor seja destinado a uma instituição específica. Vejamos um exemplo prático: ao fazermos uma compra em determinada loja, o valor total foi de R$ 39,70. O caixa, antes de finalizar a compra, pergunta se o cliente não quer arredondar o valor, ou seja, R$ 40,00, e doar os 30 centavos para a instituição que a loja apoia.

A lógica é a mesma utilizada nas caixinhas ou nos cofrinhos de doações que encontramos em lojas conhecidas, como MC Donald's ou Starbucks. Nessas redes, em todo caixa há uma local em que podem ser doados valores para as causas apoiadas pela empresa. Não é incomum que as pessoas que trabalham no caixa proponham que você deposite o troco nesse local.

9.5.2 Apadrinhamento

Modalidade que tem crescido bastante na captação de valores e, também, de voluntários. Busca-se criar um laço mais forte entre a campanha e os potenciais doadores, não solicitando dinheiro de fato, e sim que a pessoa adote uma criança, um jovem, um idoso ou um animal e seja padrinho ou madrinha. Apadrinhar uma causa significa oferecer àquela campanha algo necessário ao cuidado ou prosseguimento dos trabalhos. É muito comum em instituições menores, que geralmente sobrevivem apenas de doações e realizam essa ação em datas especiais para oferecer um carinho diferente às pessoas atendidas.

Um exemplo é a campanha dos Correios no fim do ano, quando a empresa disponibiliza cartinhas que são enviadas ao Papai Noel. As cartas ficam à disposição das pessoas, que podem ir a uma agência, selecionar uma carta e levar o brinquedo ou o pedido da criança até a agência para que esta o faça chegar ao destinatário. Outra ação conhecida, com destaque inclusive na televisão, é a dos Médicos sem Fronteiras, que utiliza o discurso segundo o qual a ajuda ou doação das pessoas será responsável por prover recursos para os médicos cuidarem de crianças e pessoas de maneira geral, carentes de atendimento médico e saúde básica.

9.6 Eventos

Já falamos anteriormente sobre eventos; agora, discutiremos como explorar melhor esse método. Lembrando que é possível captar recursos para realizar o evento ou obter recursos para uma instituição por meio de um evento. Assim, o primeiro ponto a ser definido é o objetivo do evento.

Existe uma frase interessante sobre a captação de recursos por meio de eventos: "**se não projetar captar pelo menos duas vezes mais do que gastar, então não será um evento de captação**" (Heyman; Brenner, 2017, p. 129, grifo do original).

Essa frase faz todo sentido se pensarmos, por exemplo, em um almoço em que buscamos captar recursos para uma instituição que cuida de idosos. Se considerarmos que o evento era justamente para ajudar a instituição em seus gastos e a captação só pagou o almoço, significa que não captamos recursos, apenas fizemos uma ação de *marketing* ou divulgação da instituição sem ônus. Se isso aconteceu, houve algum problema no processo de captação. Assim, vamos tratar, na sequência, de algumas etapas importantes sobre o processo de captação em si, uma vez que já aprendemos como planejar um evento ou projeto.

9.6.1 Cronograma

É importante que você tenha uma agenda do evento e cumpra as datas e os prazos estipulados, pois atrasar a escolha do local em que acontecerá o evento ou a programação causará impactos na captação de recursos. Afinal, você doaria recursos para um evento sem local e programação?

9.6.2 Recrute sua equipe com antecedência

Independentemente do porte do evento, será necessário ajuda. O quanto antes você definir quem serão as pessoas da equipe, mais bem programada será cada etapa, o que evitará erros e atrasos que podem atrapalhar a captação de recursos.

9.6.3 Garanta os patrocinadores

Em geral, quem patrocina eventos são as empresas. No Brasil, a maioria das empresas define seus orçamentos para o ano vigente no ano anterior. Ou seja, a verba disponível para 2020, por exemplo, é definida em 2019. Assim, você deve contemplar essa data em seu cronograma. Provavelmente, será muito difícil conseguir patrocínio para um evento que acontece em outubro solicitando o patrocínio em julho. O ideal, nesse caso, seria buscar o patrocínio um ano antes.

9.6.4 Divulgue seu evento

Muitas empresas se interessam no *mailing* do seu evento, ou seja, na lista de participantes. Isso significa que, quanto maior o potencial do seu evento, ou seja, quanto mais participantes, mais interesse as empresas podem ter em patrociná-lo. Nesse momento, vale usar todas as ferramentas disponíveis, como mala direta, redes sociais e internet. Um dado interessante para reforçar a divulgação é que, segundo Heyman e Brenner (2017), uma pessoa precisa ouvir falar sobre o evento no mínimo seis vezes antes de se inscrever.

Outro dado interessante é que a taxa de conversão de participantes diminui quando o formulário de inscrição é muito longo ou complexo. Por mais que os dados dos participantes sejam importantes, é preciso cuidar para não inflar demais o formulário e perder potenciais participantes.

9.6.5 Causa e resultado

Sempre que possível, antes, durante e depois do evento, esclareça a causa que motivou o projeto e, consequentemente, o evento e informe os valores arrecadados até o momento. É importante agradecer publicamente, no evento e na divulgação, os possíveis voluntários e patrocinadores, pois sem eles não seria possível a realização. Por fim, nunca deixe de prestar contas, independentemente do porte do evento e do valor captado. Essa ação revela transparência e demonstrará como os recursos foram utilizados.

A outra forma de captar recursos com um evento é incluir na programação ou na divulgação uma campanha paralela de arrecadação de alimentos, roupas ou brinquedos, por exemplo.

Nesse caso, usamos um evento, pessoal ou profissional, para unir as pessoas em prol de uma causa paralela. Bons exemplos são eventos que não cobram entrada, mas, em contrapartida, os participantes devem doar um quilo de alimento, ou eventos que oferecem dois tipos de entrada, a convencional e outra que acresce uma porcentagem a ser doada a um projeto específico.

9.7 Modelo canvas e *design thinking*

Neste tópico, trataremos de metodologias mais atuais para a captação de recursos. Apesar de serem baseadas em ferramentas de planejamento estratégico e gestão de projetos, ainda temos poucos relatos do uso dessas ferramentas na captação.

9.7.1 Modelo canvas

O modelo canvas é uma das formas de implementar a estratégia empresarial e, por ter uma parte mais visual, vem ganhando cada vez mais aderência nas empresas, principalmente naquelas que trabalham por projetos e buscam maneiras de otimizar processos e a rotina de trabalho. Podemos considerar o canvas um modelo que apresenta a estratégia da empresa em nove blocos, o que facilita o processo de sinergia entre as ações e a mudança ou correção de algum desvio de curso (Pereira; Soares, 2017).

Figura 9.1 - Modelo canvas

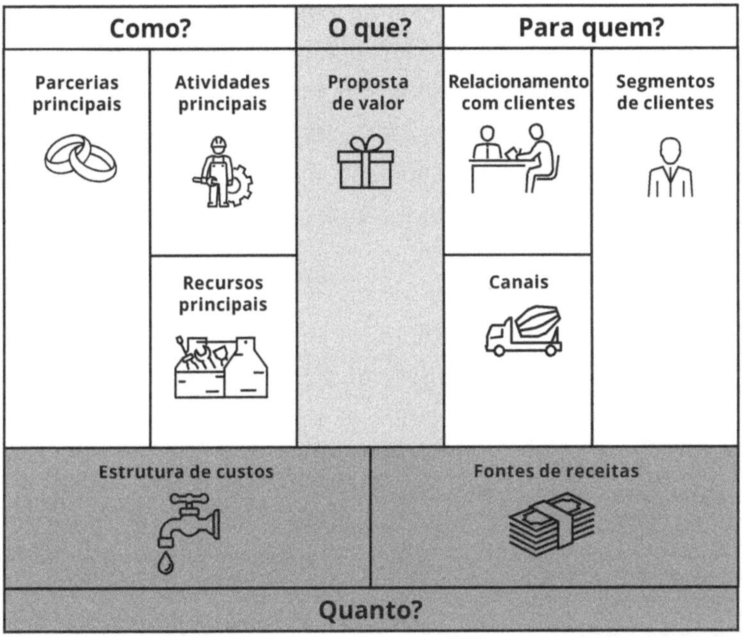
Como?
O que?
Para quem?
Parcerias principais
Atividades principais
Proposta de valor
Relacionamento com clientes
Segmentos de clientes
Recursos principais
Canais
Estrutura de custos
Fontes de receitas
Quanto?

Tanyastock, matsabe, VoodooDot, Imagination lol, davooda, Set Line Vector Icon/Shutterstock

Fonte: Sebrae, 2019.

Figura 9.2 - Modelo canvas

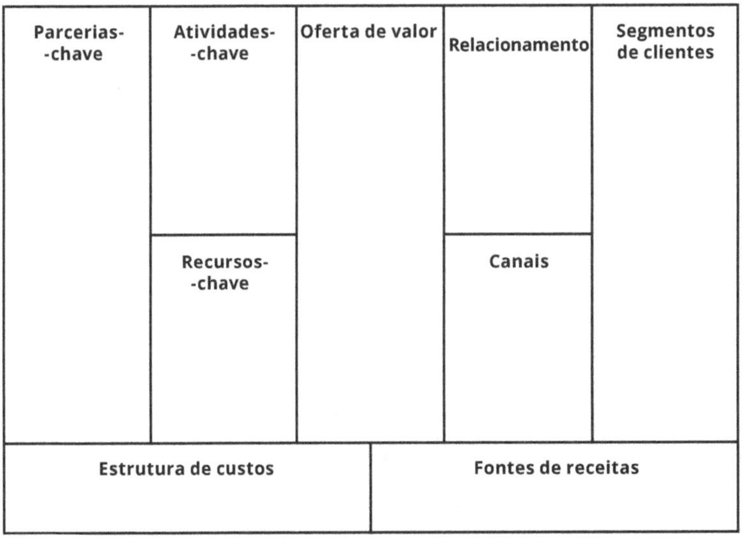
Parcerias--chave
Atividades--chave
Oferta de valor
Relacionamento
Segmentos de clientes
Recursos--chave
Canais
Estrutura de custos
Fontes de receitas

Fonte: O *business*..., 2019.

Conforme podemos observar nas duas figuras anteriores, o modelo canvas é dividido em alguns quadros, cada um deles com seu preenchimento específico. Essa divisão facilita o preenchimento e a maneira de pensar na estratégia de uma empresa e, ainda, na estratégia de captação. A seguir, apresentamos um quadro que explica cada etapa e dá algumas orientações para o preenchimento.

Quadro 9.1 – Blocos do modelo canvas

Bloco	Segmento	Descritivo
1	Clientes	Define os diferentes grupos de pessoas ou organizações que a empresa em questão pretende atender ou atingir.
2	Proposição de valor	Descreve o conjunto de produtos e serviços que criem valor para um segmento específico de clientes.
3	Canais	Descreve como uma empresa se comunica e atinge seu segmento de clientes para entregar a proposição de valor pretendida.
4	Relacionamento com clientes	Descreve os tipos de relacionamentos que uma empresa estabelece com um segmento específico de clientes.
5	Fontes de receita	Representa o lucro que uma empresa gera a partir de cada segmento de clientes atendidos, identificando o valor real que cada cliente está disposto a pagar pelo bem ou serviço.
6	Recursos-chave	Descreve os ativos mais importantes necessários para que o modelo de negócio funcione.
7	Atividades-chave	Descreve as atividades mais importantes que a empresa deve executar para fazer o modelo de negócio funcionar.

(continua)

(Quadro 9.1 – conclusão)

Bloco	Segmento	Descritivo
8	Parcerias-chave	Descreve a rede de relacionamento de fornecedores e parceiros necessários ao desempenho do modelo de negócio.
9	Estruturas de custo	Descreve todos os custos envolvidos na operação do modelo de negócio.

Fonte: Pereira; Soares, 2017, p. 5.

Como podemos observar no quadro, os **clientes** são as pessoas que de fato consumiram os produtos ou serviços ofertados. A **proposição de valor** diz respeito ao conjunto de produtos ou serviços que serão oferecidos aos clientes. A empresa precisa entregar produtos ou serviços que gerem valor para esses clientes. Quanto mais valor agregado, maior a chance de sucesso. Os **canais** se referem a como a empresa se comunica com seus clientes e *stakeholders*. Cada vez mais temos soluções digitais que otimizam e ampliam a comunicação, porém é importante adequar a comunicação ao público. O **relacionamento com os clientes**, um aspecto que vem ganhando cada dia mais força, define como será a relação entre empresa e clientes. Muitas são as alternativas e o foco será conquistar e fidelizar os clientes. A **fonte de receitas**, por sua vez, segmento também relacionado aos clientes, refere-se às vendas dos produtos e serviços. Quanto maior o *mix* de produtos ou serviços e maior a base de clientes, maior serão as fontes de receita. Os **recursos-chave** apontam quais são os recursos necessários para que o planejamento possa ser implantado, monitorado e avaliado, enquanto as **atividades-chave**, em linha com os recursos, definem quais atividades são essenciais para que o planejado aconteça. Já as **parcerias-chave**, que também estão alinhadas aos recursos e atividades, diz respeito à construção de parcerias para que o negócio se sustente. Por fim, as **estruturas de custo** se referem a como será a composição do custo do projeto, mostrando o montante e a viabilidade.

9.7.2 Design thinking

O *design thinking* é uma abordagem ou um método que procura proporcionar ao cliente uma melhor experiência de atendimento, sempre focando em suas necessidades para oferecer soluções inovadoras e gerar fatores de fidelização. Para facilitar o entendimento, vamos explorar um pouco os quatro pilares do *design thinking*:

1. **Empatia** – Partindo do princípio que *empatia* significa colocar-se no lugar do outro, é necessário vivenciar o que os usuários reais vivem para poder propor soluções humanas aos clientes, ou seja, foco no ser humano.
2. **Visualização** – É importante ter a visão do todo para, assim, conectar demandas diferentes em uma mesma solução. Aqui, o foco é a comunicação e a conexão de informações.
3. **Colaboração** – Se estamos falando da melhor experiência possível, quanto mais pessoas com visões distintas, melhor será a solução elaborada. Assim, colaborar é essencial para soluções personalizadas e criativas, sempre focando na diversidade e na multidisciplinaridade.
4. **Tangibilização** – É nesse momento que as ideias e as soluções saem do papel e tomam forma, ou seja, esse pilar é o responsável por colocar em prática a solução encontrada. O foco aqui é testar e receber *feedback* (Pereira; Soares, 2017).

Figura 9.3 – Etapas do *design thinking*

Empatia   Ideação   Testes   Definição   Prototipação

pgvector/Shutterstock

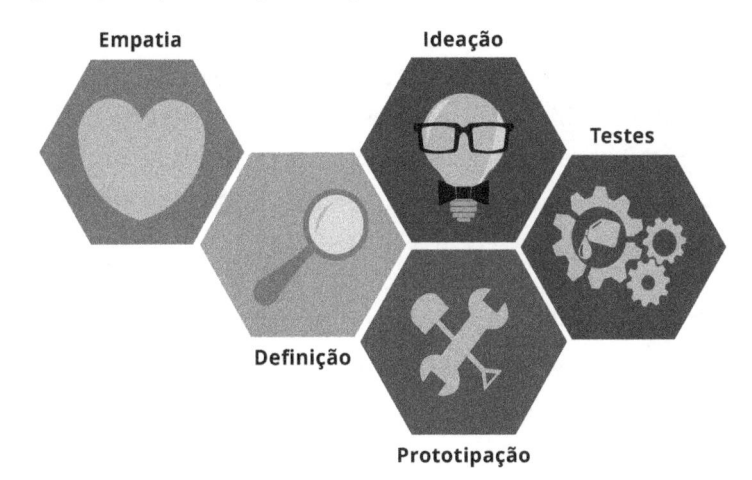

As etapas do *design thinking* se confundem com seus pilares, já citados antes da figura. Para que não haja dúvidas, exploraremos de maneira breve as etapas do processo de *design thinking*. Como nosso tema central é a captação de recursos, as explicações serão nesse sentido:

» **Empatia** – Consiste em colocar-se no lugar de quem vai doar ou investir e tentar replicar as emoções, sensações e, principalmente, os pontos positivos e negativos. Devemos pensar como clientes.

» **Definição** – Fase de imersão no problema ou situação. Momento em que devem ser levantadas todas as oportunidades e fraquezas.

» **Ideação** – Momento de pensar nas possíveis soluções para o problema. É muito comum o processo de *brainstorming*, ou *tempestade de ideias*, para que as melhores soluções possam ser reunidas e, assim, reverter uma negativa ao processo de captação.

» **Prototipação** – Com as melhores ideias, chegou a hora de criar um modelo ou protótipo, ou seja, um rascunho daquilo que poderá ser oferecido como melhor solução para determinado problema. Em outras palavras, deve-se identificar características, etapas e modelos de cartas de captação ou de patrocínio que possam ter êxito sempre ou na maioria dos casos.

» **Testes** – Criado o modelo da solução ideal, é hora de testar. Ou seja, enviar o novo modelo de carta para aquela instituição que negou um primeiro pedido ou tentar participar novamente de um edital.

Com base nesses conceitos, ao observar uma oportunidade de captação, os profissionais, devem ter os pilares do *design thinking* em mente, enxergar uma solução e desenhá-la dentro do canvas. Essas ferramentas estão sendo cada vez mais usadas pelas empresas e constituem uma solução inovadora e muito bem aceita por gestores e profissionais. Assim, por mais que não sejam ferramentas específicas para doações ou investimentos, podem ser utilizadas para otimizar a apresentação do projeto, focando na experiência do cliente ou das pessoas afetas ao projeto.

Perguntas & respostas

Qual é a definição de *design thinking*?

Segundo Silva et al. (2012, p. 13-14), *design thinking* refere-se:

> à maneira do designer de pensar, que utiliza um tipo de raciocínio pouco convencional no meio empresarial, o pensamento abdutivo. Nesse tipo de pensamento, busca-se formular questionamentos através da apreensão ou compreensão dos fenômenos, ou seja, são formuladas perguntas a serem respondidas a partir

das informações coletadas durante a observação do universo que permeia o problema. Assim, ao pensar de maneira abdutiva, a solução não é derivada do problema: ela se encaixa nele.

Em outras palavras, esse método propõe que usemos nossas experiências com o propósito de encontrar soluções para os problemas apresentados ou propor uma solução que de fato esteja alinhada e seja viável.

Como podemos simular uma situação na qual o *design thinking* foi utilizado para a captação de recursos?

Para responder a essa pergunta, a maneira mais fácil é usar um exemplo. Suponhamos que você foi convidado para gerir um projeto cujo objetivo é captar recursos para uma instituição que cuida de crianças com uma síndrome rara que com o tempo causa cegueira. Imagine que usaremos o *design thinking* para a captação. A ideia é a seguinte:

» **Empatia** – Coloque-se no lugar dessas crianças para entender quais são as principais dificuldades e como as pessoas podem ajudar de maneira assertiva. Imagine qual seria a sensação de viver com os olhos tapados como se fossemos cegos.
» **Definição** – Fase de imersão, ou seja, aqui precisam ser mapeados todos os problemas que essa síndrome pode causar, relacionados à saúde em si ou ao convívio com outras pessoas. É importante mapear os problemas que a cegueira pode acarretar e os riscos que ela oferece.
» **Ideação** – Pense nas possibilidades que minimizem ou esgotem os problemas levantados anteriormente e defina as que estão mais alinhadas à solução deles. Suponhamos que existe um tratamento com medicamentos que custa o dobro da cirurgia e que pode corrigir essa síndrome.

» **Prototipação** – Use a melhor solução para criar um rascunho de como ela funcionará. Nesse caso, vamos optar pela cirurgia, que tem um custo menor e uma solução mais rápida. Nessa etapa, devemos definir qual é a melhor forma de mobilizar os possíveis doadores para que eles se sensibilizem com a causa e façam suas doações. Nossa solução será enviar, por mala direta, tapa-olhos com a mensagem "Coloque estes tapa-olhos por 10 minutos. Imagine que, sem a sua doação, muitas crianças podem se sentir assim para o resto da vida".

» **Testes** – Criado o modelo da solução ideal, é hora de enviá-lo a possíveis doadores e acompanhar o resultado para saber se ele impactou positiva ou negativamente as pessoas.

Síntese

Neste capítulo, conhecemos nove maneiras de captar recursos que não exigem grandes tecnologias ou equipes. Isso mostra que muito do processo de conseguir recursos é baseado em nossas relações e em nossa inteligência relacional. Conhecer nossos doadores ou financiadores e a forma como gostam ou preferem ser abordados será a chave para, por meio de um projeto, encontrar a melhor maneira de captar e com os melhores resultados. Todos os itens aqui explorados podem ser utilizados em grupos de uma mesma base ou em toda a base de dados. Identifique as preferências de seu doador/investidor e estude a melhor forma de conectá-lo ao projeto.

Questões para revisão

1. Analise as afirmações a seguir:
   I) Segundo Heyman e Brenner (2017, p. 111), "a taxa de resposta da mala direta é em média de no máximo 2%". Em uma associação que envia 10 mil malas diretas, apenas duzentas pessoas efetivam a doação. Esse é um exemplo de mala direta.
   II) Consiste na criação de uma marca forte, ou seja, aquela campanha que todos saberão reconhecer, o que de alguma forma busca enraizar sua causa para capturar e manter doadores. Esse é um exemplo de campanha periódica.
   III) A intenção desses captadores é de fato abordar as pessoas que passam pela região onde estão para explicar a causa que defendem, seus valores, por que estão engajados nela e convencê-las a fazer uma doação. Às vezes, é oferecida alguma contrapartida, como uma camiseta ou *boton* da campanha, para incentivar ainda mais essas pessoas. Esse é um exemplo de evento esportivo.
   IV) Prática ainda pouco utilizada no Brasil, consiste em sugerir um arredondamento da compra, geralmente centavos, para que o valor seja destinado a uma instituição específica. Por exemplo, ao fazermos uma compra em determinada loja, o valor total foi R$ 39,70. O caixa, antes de finalizar a compra, pergunta se o cliente não quer arredondar o valor, ou seja, R$ 40,00, e doar os 30 centavos para a instituição que a loja apoia. Esse é um exemplo de evento.
   V) Modalidade que tem crescido quando se trata de captação de valores e voluntários. Para criar um laço

mais forte entre a campanha e os potenciais doadores, não é solicitado dinheiro de fato, e sim que a pessoa adote uma criança, um jovem, um idoso ou um animal e seja padrinho ou madrinha. Esse é um exemplo de apadrinhamento.

Estão corretas as afirmações:

a) I e V.
b) I, II, IV e V.
c) I, II, III e V.
d) I, II e V.
e) II, III e IV.

2. Assinale a alternativa em que todos os termos apontados são maneiras de captar recursos:
   a) *Swot*, mala direta, *face-to-face* e eventos.
   b) Corridas, *fundraising*, *telemarketing* e canvas.
   c) *Design thinking*, eventos esportivos, campanhas periódicas e empreendedorismo.
   d) Canvas, mala direta, *design thinking* e apadrinhamento.
   e) Arredondamento, PDCA, apadrinhamento, *design thinking*, eventos esportivos, campanhas periódicas e canvas.

3. O que é design *thinking*? Explique.

4. Como podemos utilizar o *telemarketing* para a captação de recursos? Trata-se de um método eficaz?

5. No modelo *design thinking*, existem cinco etapas que nos auxiliam em sua aplicação, as quais servem como um guia para que todas as informações importantes possam ser coletadas

e usadas durante o processo de criação de uma solução. Essas cinco etapas são:
a) Empatia, definição, ideação e prototipação.
b) Empatia, inteligência emocional, ideação, prototipação e testes.
c) Empatia, definição, ideação e testes.
d) Empatia, definição, ideação, prototipação e testes.
e) Empatia, definição, ideação, prototipação e venda.

Para saber mais

Festival ABCR

Este é um dos principais eventos voltados para o tema captação de recursos e suas ferramentas. Nesse festival, geralmente são feitos debates sobre os desafios e as oportunidades na captação. Além disso, há discussões sobre como evoluir nesse contexto. Para saber mais sobre o assunto, acesse o *site*.

FESTIVAL ABCR. Disponível em: <http://festivalabcr.org.br>. Acesso em: 17 abr. 2019.

Movimento Arredondar

Este movimento tem como uma de suas premissas o fato de que centavos podem ser transformados em milhões e ajudar muita gente que precisa. Como explicado no texto, as lojas fecham parcerias com o movimento e arredondam os valores das compras, beneficiando mais de trinta ONGs. Para saber mais, acesse o *site*.

ARREDONDAR. Disponível em: <www.arredondar.org.br/>. Acesso em: 2 fev. 2019.

Instituto Fazendo História

Esse instituto trabalha com o apadrinhamento afetivo. Desenvolve projetos com crianças e adolescentes de 10 a 17 anos que dificilmente voltarão a ficar com suas famílias ou serão adotados. Como muitas dessas crianças e adolescentes têm carência de afetividade, criou-se um programa no qual as pessoas não precisam adotar, e sim doar parte de seu tempo para transformar a vida e o futuro desses jovens.

INSTITUTO FAZENDO HISTÓRIA. Disponível em: <www.fazendohistoria.org.br/>. Acesso em: 2 fev. 2019.

Sympla e Eventbrite

Há algumas ferramentas que ajudam na gestão do evento no que diz respeito a inscrição, valores pagos e certificados e, também, em sua divulgação. Duas plataformas bem conhecidas que nos ajudam nesse desafio são o Sympla e o Eventbrite.

SYMPLA. Disponível em: <www.sympla.com.br/>. Acesso em: 2 fev. 2019.

EVENTBRITE. Disponível em: <www.eventbrite.com.br/>. Acesso em: 2 fev. 2019.

10 Captando *on-line*

Conteúdos do capítulo:

» Internet.
» Dispositivos móveis.
» Diversificação.
» Netiqueta.
» Redes sociais.
» *Crowfunding*.

Após o estudo deste capítulo, você será capaz de:

1. identificar as principais formas de captação de recursos usando a internet;
2. estabelecer formas mais simples de captação, com custo baixo e benefícios;
3. saber quais são os cuidados necessários para que o uso da internet seja bem feito, evitando problemas futuros;
4. aplicar a netiqueta (etiqueta e ética na internet) e algumas das ferramentas mais utilizadas para a captação de recursos, conhecendo seus prós e contras.

Já analisamos algumas maneiras de captar, porém a maioria exige a presença do captador, doador ou investidor. Agora, vamos conhecer algumas formas de captação que utilizam a internet ou dispositivos móveis. Se considerarmos as características das gerações, teremos a confirmação de que é importante diversificar a forma de buscar recursos para atingir todos os públicos e, consequentemente, todas as gerações.

Um fator importante quando falamos em internet é a ética na internet ou *netiqueta*. Também é imprescindível ter ética no contato pessoal ou por telefone, mas na internet a velocidade das informações é muito rápida, o que faz com que uma frase mal escrita possa significar um grande problema no futuro.

Antes de explorar as maneiras de captar *on-line*, vamos discutir um pouco melhor o conceito de netiqueta, que remete ao conjunto de regras de comportamento na internet. O termo tem origem nas palavras *net* e *etiquete*, em inglês, e uma possível tradução para a expressão é "etiqueta na internet". Se estamos falando de *etiqueta*, também estamos tratando de ética e respeito, ou seja, de um código social. Esse é o conceito de bom uso da internet e consiste em sugestões e recomendações para usar ferramentas como *e-mails*, *blogs*, *sites* de relacionamento e demais ambientes virtuais (Biscalchin; Almeida, 2011; Chiles, 2014).

Para que fique mais fácil praticar a netiqueta e sejamos éticos e respeitosos no ambiente *on-line*, Biscalchin e Almeida (2011) sugerem dez regras:

1. Lembrar-se de que todos somos seres humanos, e isso inclui o fato de que seres humanos erram, pois não são perfeitos.
2. Aderir aos padrões de comportamento *on-line*, ou seja, identificar as diferenças entre a escrita formal e a escrita da internet, por exemplo.

3. Saber onde você está no ciberespaço e, assim como nos contatos pessoais, saber se comportar em ambientes diversos nos quais pessoas de vários níveis sociais se relacionam.
4. Compreender que cada um funciona em seu tempo e de acordo com sua infraestrutura. Apesar de a internet aumentar a velocidade na troca de informações, isso não significa que todas as pessoas tenham a mesma facilidade e rapidez que você.
5. Ter um bom perfil *on-line*, assim como o perfil profissional. Devemos zelar pela transparência e pelo respeito, principalmente quando falamos de redes sociais.
6. Compartilhar conhecimento especializado, ou seja, se você tem bons conhecimentos sobre um assunto, é um bom ambiente para compartilhar e ajudar outras pessoas. Lembre-se de que encontramos quase tudo na internet, pois muitas pessoas compartilham seus conhecimentos.
7. Ajudar a manter os conflitos sob controle. Conflitos são inerentes a qualquer tipo de relacionamento. Na internet eles se potencializam, pois as pessoas não estão se vendo e, muitas vezes, nem se conhecem. Assim, é necessário tentar manter o ambiente equilibrado, respeitoso e saudável para que todos possam aproveitá-lo ao máximo.
8. Respeitar a privacidade das pessoas. Assim como em um casamento as duas pessoas ainda devem ter sua privacidade, na internet não é diferente. Respeite o que é privado e o que as pessoas decidem ou não compartilhar, afinal, só compartilhamos o que acreditamos ser útil a alguém.
9. Não abusar de seu poder. E aqui temos um ponto delicado: o mesmo assédio moral que acontece pessoalmente nas empresas, por exemplo, pode ser identificado na internet, na forma de agressão e preconceito. Assim, lembre-se de que,

uma vez na rede, o registro dificilmente deixará de existir e pode ser que você tenha de responder por um ato impensado.
10. Perdoar os erros das outras pessoas. Conforme vimos na regra 1, as pessoas vão errar. Portanto, seja parcimonioso e perdoe os erros, assim como espera que as outras pessoas também façam.

Segundo Chiles (2014, p. 15), a regra de ouro da netiqueta é "Haz a los demás como quieres que te hagan a ti", o que, em uma tradução livre, seria: "Faça aos outros o que gostarias que eles fizessem a você", ou seja, procure viver em harmonia sem que suas ações prejudiquem outras pessoas.

Agora que reforçamos alguns conceitos e comportamentos desejados quando estamos no mundo virtual, vamos explorar maneiras de captação de recursos assim como fizemos no capítulo anterior. A diferença é que aqui usaremos a internet como meio – e, na maioria das vezes, esse caminho significa redução de custos.

Perguntas & respostas

Qual é a importância da netiqueta no contexto da captação *on-line* de recursos?

Apesar de a netiqueta não ser uma lei, e sim recomendações de bom uso e relacionamento entre as pessoas no meio digital, é importante que sejam seguidas a fim de ser menos invasivo e mais educado e polido no processo de captação de recursos. Lembre-se de que a internet e as ferramentas digitais facilitam a comunicação, mas também podem aumentar o risco de desentendimentos, pois a mensagem não é aquela que você escreve, e sim a que o receptor entende.

10.1 *Site*

Quando falamos de *site*, é importante ter claro que podemos usar um *site* para arrecadar doações sem que ele esteja necessariamente vinculado a uma associação, por exemplo. Também podemos usar um *site* que ofereça informações sobre o projeto ou a instituição e agregue o serviço de doação *on-line*. Reforçando essa ideia, segundo Heyman e Brenner (2017), o relatório *Think Mobile* demonstrou que 54% das pessoas buscam *sites* para conseguir mais informações da empresa ou organização.

Esse dado permite inferir que a qualidade das informações presentes no *site* do projeto ou da organização pode ser decisiva para que uma pessoa efetue ou não uma doação ou um investimento. Porém, além da qualidade do *site*, é importante que a doação seja fácil de ser efetuada, com poucos cliques e *banners* rotativos ou botões que sempre lembrem as pessoas de que é possível doar por meio daquele canal.

Em um bom *site*, espera-se encontrar itens como: "quem somos", no qual possamos conhecer a história do projeto ou da instituição; "produtos e serviços", com informações sobre os projetos realizados e os resultados alcançados; "impactados", ou seja, quem são as pessoas ou as causas impactadas pelos produtos e serviços; "fale conosco", que é o canal de atendimento ou o meio mais fácil para buscar outras informações; e "faça sua doação", a interface por meio da qual o doador poderá ver quais valores e como doar.

E, já que falamos de valores, uma ótima dica é oferecer, nesse setor, formas diferentes de doar. Sugira alguns valores predefinidos, mas também mantenha um campo aberto. Ofereça planos de doação trimestrais, semestrais e anuais, por exemplo, demonstrando que aqueles que doam regularmente podem até contribuir com um valor menor, e, por fim, sempre deixe uma mensagem de agradecimento no *site* para aquele que doou. Se possível, personalize a mensagem com o nome do doador.

Esses são alguns pontos que devemos levar em consideração quando estamos usando um *site* para captar. Outros aspectos também são importantes, mas como não são o foco do livro, não serão explorados à exaustão. Fatores como cores, quantidade de cliques, indexação, cliques únicos, acesso orgânico e tempo gasto no *site* são indicadores que devem ser analisados de preferência por pessoas que já tenham experiência em construção de *sites* e engajamento de usuários.

10.2 *E-mail*

Talvez este seja um dos meios de comunicação mais utilizados, ao lado das redes sociais e dos aplicativos de mensagem instantânea. E, se é muito utilizado pelas pessoas, também oferece bom retorno quando falamos de captação de recursos. Além de ser um método com custo muito baixo, tem alcance mundial.

A maior dificuldade para captar por meio de *e-mails* é ter uma boa e extensa base de dados. Para que isso seja possível, precisamos acumular endereços de *e-mail* com eventos, redes sociais e *sites*, por exemplo. Um detalhe importante: nunca podemos deixar de acrescentar nomes nessa lista, pois, como sabemos, muitas pessoas marcam o *e-mail* como *spam* ou cancelam sua inscrição nas listas de distribuição.

Uma das formas de captação de recursos mais utilizadas envolvendo *e-mails* são as campanhas, geralmente com base em histórias ou algum acontecimento específico que precisa de recursos em um período também determinado. A característica dessa comunicação é que a pessoa receberá essa campanha por certo tempo em seu *e-mail*, geralmente atualizando os valores conseguidos, o número de pessoas que já doaram, o tempo restante para o fim da campanha ou até mesmo depoimentos de pessoas que já doaram e ajudam a causa.

Segundo Heyman e Brenner (2017), precisamos seguir três dicas para construir *e-mails* marcantes e que gerem mais resultados, as quais estão elencadas na sequência.

10.2.1 Mantenha a mensagem centrada no leitor

Provavelmente, você que está lendo este livro agora recebe uma grande quantidade de *e-mails*, seja porque profissionalmente é necessário, seja porque muitas vezes se cadastra em *sites* que oferecem assuntos de seu interesse. Para que um *e-mail* de captação chame sua atenção, deverá ter um assunto convincente, isto é, deve ser relevante para a sua realidade. Para que isso seja possível, o ideal é que, nos trinta primeiros caracteres, a mensagem transmita a informação mais importante por meio de palavras-chave.

10.2.2 Seja sucinto

Muitas pessoas não leem os *e-mails*. Assim, sua mensagem deverá chamar a atenção para que a pessoa pare e leia, mesmo que de uma maneira superficial. É estimado que uma pessoa demore aproximadamente 3 segundos em cada *e-mail* para decidir se vale maior atenção ou não. Assim, use títulos curtos, interessantes e marcantes. Os parágrafos devem ser objetivos e de aproximadamente três linhas, sempre passando ideias centrais. Por fim, procure repetir essa mensagem duas ou três vezes. Mas atenção: tome cuidado para não enviar mensagens com ideias conflitantes, pois isso faz com que sua credibilidade seja prejudicada.

10.2.3 A mensagem deve ser visualmente agradável

Ou seja, por mais que você tenha um título que desperte a atenção da pessoa, enviar uma mensagem que contenha apenas texto, sem espaçamento e com um tamanho incomum, fará com que o leitor desista da leitura. Logo, a dica é compor uma mensagem agradável, que o receptor possa entender em poucos segundos e sentir que o visual do *e-mail* é cativante. Lembre-se de que muitos *e-mails* são lidos no celular. Assim, quanto mais sucinto e agradável ele for, melhor.

Usando o gancho do celular e, consequentemente, da tecnologia, vale um alerta sobre as plataformas usadas e se você está usando uma tecnologia atual. De nada adianta um *e-mail* sensacional no qual muitas pessoas clicam, mas que, ao abri-lo, o *site* fica todo desconfigurado, difícil de navegar, ou seja, não é responsivo. Assim, mais que cuidado com o *e-mail* e a mensagem, é importante se atentar às principais tecnologias e, sobretudo, àquelas que mais agradam as pessoas.

Por fim, é essencial que você acompanhe o relatório gerencial do envio dos *e-mails*, que lhe mostrará taxa de abertura, cliques e respostas. Segundo Heyman e Brenner (2017), as taxas ideais são 20% de abertura, 0,5% de cliques e 3% de respostas. Se esses índices não foram alcançados, dois pontos devem ser investigados: a qualidade de sua base de dados e a da mensagem enviada.

10.3 Mídias e redes sociais

Talvez uma de nossas maiores dificuldades seja cuidar de várias redes sociais ao mesmo tempo. Dada essa dificuldade, nossa primeira dica neste capítulo será referente a esse desafio. Sim, existem plataformas que deixam você gerenciar várias redes sem precisar logar em cada uma delas. Elas ainda permitem que você agende, por exemplo, a publicação de conteúdo. Apesar de sugerirmos algumas plataformas na seção *Para saber mais*, falaremos sobre a *hootsuite*.

Começamos falando dessa ferramenta porque o segundo desafio após conseguir gerenciar nossas contas é gerar conteúdo relevante constantemente. Afinal, o que de fato determinará se sua rede é efetiva ou não é a quantidade de pessoas que você consegue engajar e, automaticamente, alcançar. Esse indicador depende muito da quantidade e da qualidade dos conteúdos postados.

Para alcançar nossos objetivos, vamos usar uma técnica chamada *POST* (do inglês *People, Objective, Social* and *Tools*) para mídias sociais, que, segundo Heyman e Brenner (2017), ajuda as organizações e as pessoas a planejar boas campanhas de mídias sociais e de *crowdfunding*.

10.3.1 *P* de Pessoas

Engajar pessoas é muito mais do que estar em todas as plataformas e ter pouca interação. Devemos saber quem são as pessoas que interagem com nossos conteúdos e aprofundar essa relação o máximo possível. Logo, precisamos saber quem é a pessoa, por que ela se interessa pelo conteúdo, como podemos impactá-la e qual é o público que engajaremos com as ações propostas.

10.3.2 *O* de Objetivos

Como nesta obra falamos muito sobre objetivos, aqui não será diferente. Uma boa dica é que seus objetivos sejam SMART (do inglês *Specific*, *Measurable*, *Achievable*, *Realistic* e *Timely*).

Adaptando para o português, seus objetivos devem ser:

» **Específicos** – Ou seja, com foco claro e definido, afinal, quanto menos específico for, mais difícil de ser alcançado.
» **Mensuráveis** – Precisam ter uma forma simples e objetiva de serem medidos. Indicadores de *performance* (KPI – *Key Performance Indicator*) podem ser bons aliados nessa tarefa.
» **Alcançáveis** – Muitas vezes idealizamos metas inalcançáveis por conta do tempo, da equipe ou da estrutura disponível. Assim, é essencial que os objetivos sejam alcançáveis, levando em consideração todos os itens aqui explorados.
» **Relevantes** – É importante para que o projeto ou a instituição realmente alcancem o que foi traçado. Afinal, reduzir o uso de papel é importante, porém não é relevante para se captar recursos para o projeto.

» **Pontuais** – Esse fator deve ser levado em consideração em todas as etapas e estar de acordo com o prazo do projeto. Se alcançarmos nossos objetivos depois da entrega final do projeto ou do prazo final de captação, falhamos, pois não conseguimos entregar 100% do que foi acordado.

10.3.3 *S* de Social

De maneira simples, você precisa convencer as pessoas de que sua causa vale a pena e que elas devem participar e engajar seus pares. Lembrando que *social* é aquilo referente a uma comunidade ou grupo de indivíduos. Um bom exemplo de uma campanha que tinha sua vertente social clara é o Desafio do Balde de Gelo, criado pela *ALS Associaciation*, uma instituição que cuida de pessoas com esclerose lateral amiotrófica (ELA), uma doença que degenera os músculos. A campanha conseguiu engajar pessoas ao redor do mundo, triplicando a receita da organização, inclusive no Brasil, onde muitos artistas participaram da brincadeira, que na verdade era uma forma de captação.

10.3.4 *T* de Ferramentas (*Tools*)

Aqui entram todas as ferramentas que podem ajudar nesse processo de engajamento e alcance nas redes sociais, entre elas, todas as plataformas de mídias sociais e de *crowdfunding*, ferramentas de curadoria de conteúdo, agendamento de postagens e análise de *performance* e planilhas em geral, que são usadas para controle e estimativas.

Agora que já aprendemos a fazer um bom POST, vamos explorar algumas das principais plataformas de mídias sociais. Algumas dicas e dados utilizados foram adaptados de Heyman e Brenner (2017).

10.4 Facebook

» Termine suas postagens com perguntas. Apesar de parecer simples, isso pode duplicar curtidas, comentários e compartilhamentos. Cuidado com os textos longos, pois as mídias sociais têm um formato mais enxuto e sucinto.
» Use fotos e vídeos. É possível que com fotos você obtenha o mesmo resultado do ponto de interrogação no final da frase. Já com vídeos você pode alcançar quatro vezes mais curtidas, comentários e compartilhamentos. Cuidado com a foto e o vídeo, pois, se ofenderem de alguma forma seus seguidores e o público, você perderá seguidores. Fotos de fatalidades ou vídeos de maus-tratos podem gerar esse efeito negativo.
» Coloque seus recursos no *post* certo, ou seja, quando for comprar um *post*, escolha os que apresentam as melhores taxas de resposta, mesmo que não estejam relacionados à sua causa, pois é importante aumentar o engajamento de suas redes. Seja seletivo e tenha em mente as pessoas que receberão o *post*.
» Por mais óbvio que pareça, responda aos comentários das pessoas. Busque ser o mais objetivo e educado possível. Muitos comentários podem ser ambíguos ou instigar uma resposta fora do padrão. Por isso, mantenha a calma e o padrão objetivo e educado.

» Use as ferramentas disponíveis, como o Facebook Insights, que analisa seus *posts* mostrando os que tiveram mais curtidas, comentários e compartilhamentos. Lembre-se, porém, que nem sempre um *post* comentado ou compartilhado irá garantir um resultado positivo. Utilize o Insights, mas avalie os *posts* também.

10.5 Twitter

» Assim como no Facebook, utilize fotos vídeos e *links*, lembrando que nessa plataforma existe limitação de caracteres. Tome os mesmos cuidados, conforme citado no Facebook.
» Busque influenciadores, porém não se esqueça de que, para que eles possam apoiá-lo, esperam o mesmo de você. Ou seja, procure segui-los e fazer alguns *retweets* para então pedir apoio. Ter um influenciador ao seu lado nem sempre pode ser positivo. Busque informações sobre a pessoa, as causas e os valores em que ela acredita ou que compartilha.
» Use palavras-chave e *hashtags* para que as pessoas encontrem os assuntos comentados com mais facilidade. Uma sigla bastante utilizada para aumentar o engajamento é "PF, RT", que significa "por favor, retweets". Cuidado ao usar *hashtags*, pois as mais comuns pedem uma pesquisa para verificar se não existem temáticas negativas ligada a ela.

10.6 LinkedIn

- » Procure sempre aumentar sua rede de contatos ou conexões, principalmente com as pessoas que fazem parte do projeto ou da instituição. Crie um filtro para adicionar as pessoas, pois incluir alguém que você não conhece e não tem relação com as pessoas de sua rede pode significar um problema.
- » As pessoas no LinkedIn são solícitas e costumam responder a questionamentos com o propósito de ajudar. No entanto, cuidado com o excesso, pois fazer muitas perguntas ou encher as pessoas de conteúdo pode não ser uma boa ação.
- » Crie grupos de assuntos específicos para tentar aumentar a troca entre as pessoas. Porém, se você criar um grupo e não interagir, ele será esquecido.
- » Peça depoimentos às pessoas da sua rede. Essa ação aumenta sua credibilidade e expõe mais o seu perfil. Tome cuidado com a pessoa para quem pede a recomendação, pois se ela recomendá-lo de uma forma que não condiz com a realidade e você não publicar, pode ser que ela tente especular com seus contatos.

10.7 YouTube

- » Disponibilize seus vídeos das outras plataformas aqui. Crie um canal, se for viável, pois ele ajudará a conquistar mais inscritos e curtidas. Cuidado com a abertura do canal: o risco é o mesmo dos grupos no LinkedIn, em que a inatividade leva ao esquecimento.

» Utilize vídeos curtos, de no máximo três minutos, para que as pessoas assistam a eles de imediato, em vez de marcarem para ver depois. Cuidado com vídeos muito curtos, pois a mensagem pode ficar truncada ou não tão clara como desejado.
» Utilize uma ferramenta do YouTube chamada *call-to-action overlays*, que é uma sobreposição no vídeo para aumentar o número de cliques no seu *site*. Ele funciona como uma espécie de anúncio e pode ser clicado ou fechado.

10.8 Instagram

Por ser uma plataforma muito parecida com o Facebook e o Twitter, as dicas se aplicam aqui também, principalmente quanto ao uso de *hashtags* e fotos. Os cuidados também devem ser os mesmos.

10.9 Pinterest

Dois terços das pessoas com perfil nessa rede são mulheres, logo, é uma ótima plataforma para engajar esse público. Entenda seu público e lembre-se de que mulheres muitas vezes exigem uma abordagem diferente da usada com homens.

Esta é uma rede visual, portanto, abuse das imagens e dos infográficos. Os infográficos também são uma boa opção para as outras redes que comentamos aqui.

Figura 10.1 – Modelos de infográficos

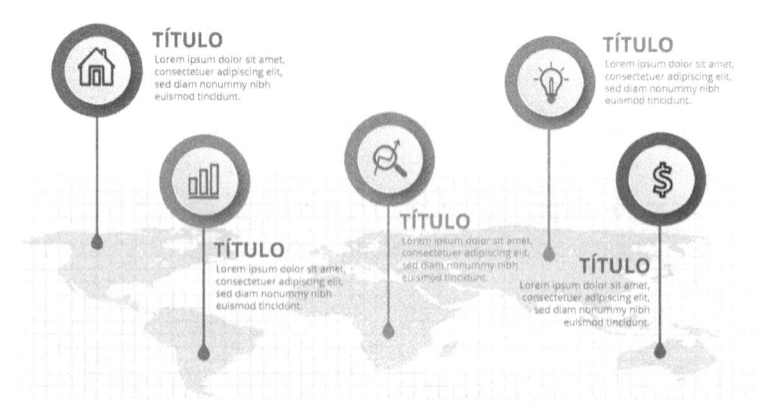

Perguntas & respostas

Pensando no alcance, isto é, em impactar o maior número de pessoas, temos como a melhor opção as mídias e redes sociais?

Pensando exclusivamente no alcance, provavelmente sim. Dificilmente teremos a mesma capilaridade e velocidade das redes sociais. Porém, levando em consideração outros aspectos, como eficácia, custos totais, qualidade e alcance da geração-alvo, provavelmente chegaremos à conclusão de que não existe uma melhor maneira de captar *on-line*, e sim um *mix* de ferramentas que permitirão um resultado eficaz dadas as premissas do projeto.

10.10 *Crowdfunding*

Conforme já citamos algumas vezes, o *crowdfunding* é uma forma de captar recursos. Talvez uma das mais acessíveis a todos e com custos relativamente baixos. O termo *crowdfunding* significa "financiamento coletivo". Por ter como principal canal a internet e as redes sociais, seu alcance é mundial, o que possibilita que alguém do Japão, por exemplo, financie um projeto na América do Sul ou no Brasil.

Como já exploramos o que é o financiamento coletivo, vamos tratar neste capítulo do mecanismo de captação que ele utiliza. O *crowdfunding* é a forma digital da famosa "vaquinha", ação usada quando precisamos reunir uma quantidade para comprar algo, por exemplo. Você deve se lembrar de situações em que uma turma se juntou, arrecadou um pequeno valor de cada integrante e comprou algo com o montante. Esse é o processo que chamamos de *vaquinha*. O *crowdfunding* é sua evolução, pois, além de ser feito *on-line* e em tempo real, alcança qualquer lugar ou pessoa que tenha acesso à internet.

Uma característica importante desse processo está no valor do projeto. Para que o *site* escolhido possa começar o processo de captação de doações e investimentos, você deverá definir qual é o valor mínimo necessário para o projeto e o prazo para receber as doações. Caso seu projeto não tenha o valor mínimo alcançado no prazo estipulado, os valores já empregados no projeto retornam para sua origem, ou seja, para as pessoas ou empresas que fizeram a doação.

Esse é o gatilho implantado pelos *sites* para que os doadores tenham a certeza de que os valores investidos serão exclusivamente para que o projeto possa sair do papel. Caso contrário, o projeto receberia algum valor e o responsável poderia alegar que não deu continuidade por falta de verba. Além disso, todo *site* tem uma política para que você divulgue seus projetos e para aqueles que pretendem fazer doações. A seguir, apresentamos algumas imagens de projetos disponíveis nos *sites* de *crowdfunding*.

Com o avanço da tecnologia e da comunicação, é possível que em alguns anos esse seja o método mais utilizado para a captação de recursos em razão de seu largo alcance e custo muito baixo. Isso não significa que outros métodos deixarão de existir. No entanto, em um mundo cada vez mais digital, é comum que ocorram essas migrações para métodos na rede mundial, que funcionem em tempo real e sem interrupções.

Perguntas & respostas

O *crowdfunding* pode ser utilizado na captação de recursos para qualquer tipo de projeto?

De maneira geral, a resposta é sim. Porém, se estamos falando de uma "vaquinha virtual", ela precisará de uma plataforma para ser divulgada. Exemplificando, existem plataformas que permitem somente projetos sociais e outras que possibilitem apenas projetos inovadores e que solucionem problemas específicos.

10.11 Dispositivos móveis

Se ainda existe alguma dúvida de que as pessoas de fato usam seus dispositivos móveis para várias atividades, seguem alguns dados muito interessantes. Conforme Heyman e Brenner (2017), a PayPal (forma de pagamento *on-line*) registrou mais de 800 milhões de dólares pagos via *mobile* (dispositivos móveis) a instituições em 2014; a Social Nomics (entre seus serviços estão as estatísticas relacionadas à tecnologia) declarou que mais de 40% da navegação do *site* vem de dispositivos móveis; e, por fim, a Marketing Land (publicação diária que abrange todos os aspectos da indústria de *marketing* digital) esclareceu que dois terços das pessoas leem *e-mails* em seus celulares. Diante desse cenário, propomos a seguinte reflexão: o *mobile* não é o futuro, e sim o presente e já está acontecendo.

Nesse contexto, nosso primeiro passo é adequar nossos principais canais para o uso dos dispositivos móveis. Logo, os *sites* e os *e-mails* precisam ser responsivos. E não se preocupe, porque mesmo as ferramentas gratuitas para a construção de *sites*, como o WordPress, já disponibilizam essa tecnologia que torna as páginas responsivas.

Ainda na linha de programas ou serviços gratuitos, para entender melhor quem acessa seu *site* e qual é o comportamento dessas pessoas, não deixe de usar o Google Analytics, que permite avaliar e medir os principais movimentos realizados no *site* e criar alavancas para melhorar a divulgação ou o conteúdo do *site*.

Quanto mais simples e visuais forem as comunicações do projeto, maior a chance de as pessoas darem mais atenção a elas. Ou seja, esqueça textos longos e *sites* e *e-mails* com muitas imagens. Passe a mensagem de forma simples e objetiva, mas sem perder o capricho e a boa redação, e inclua imagens que realmente causem impacto na pessoa que receber.

Para projetos e instituições que buscam captação, uma das partes mais simples do *site* deve ser a aba de doações. Esqueça aqueles relatórios complexos e todas aquelas informações obrigatórias. Os únicos itens obrigatórios para uma doação na internet devem ser os dados bancários ou do cartão e o valor, inclusive porque muitas pessoas doam e não gostam de ser identificadas. Reflita sobre essa questão ao montar um *site* ou atualizá-lo.

Na onda da tecnologia, uma ferramenta interessante para arrecadar doações em eventos específicos é o *Text-to-Give*. Por meio de uma plataforma, é possível enviar mensagens aos possíveis doadores com um código preestabelecido, que se transforma em uma doação também preestabelecida de R$ 5,00 ou R$ 10,00. Quando ativado o código, o valor será debitado na conta de telefone e, após o pagamento da fatura, será repassado ao projeto ou à instituição. Os pontos negativos são que essas doações não são recorrentes, quem define os valores de doações não é você e os valores totais são baixos. Porém, com ações como esta, seu projeto pode despertar o interesse de alguns e ganhar engajamento nas redes sociais ou na rede desses doadores.

Na era tecnológica em que vivemos, na qual as informações têm mudado cada vez mais rapidamente, a atualização é imprescindível. Como não é tarefa fácil atualizar tudo em tempo real, utilize plataformas ou *softwares* que ajudam nesse processo. Avalie a possibilidade de criação de um aplicativo, mas tenha em mente que ele deve ser funcional e facilitar a vida do usuário, caso contrário, pode virar um *case* de *marketing* negativo.

10.12 Mensagens instantâneas

Se estamos falando de captação *on-line* e dispositivos móveis, não podemos deixar de lado as mensagens instantâneas. Sim, de alguma forma essa temática envolve dispositivos móveis, porém, como há diferenças significantes entre essas mensagens e um *e-mail*, por exemplo, dedicamos um item específicos a elas.

Provavelmente, quando você leu este subtítulo deve ter pensado no WhatsApp e isso não foi à toa, pois esse é um dos serviços mais utilizados no mundo. Porém, existem outros aplicativos que prestam exatamente o mesmo serviço. A título de curiosidade, citaremos alguns: Viber, Skype (inclusive, já existe uma versão *business*), Line, Hangouts e Wechat.

Independentemente do aplicativo, o fato é que as pessoas se comunicam. Inclusive, não podemos nos esquecer das ferramentas de mensagens que Facebook, LinkedIn e Instagram, por exemplo, oferecem. Ou seja, precisamos entender como funciona a dinâmica dessa troca de mensagens e quando podemos usá-las para a captação de recursos.

É certo que ninguém gosta de receber mensagens de estranhos com conteúdo que, em um primeiro momento, não faz sentido. Essa prática pode resultar no bloqueio do número, o que não lhe permitiria enviar uma segunda mensagem. Assim, o ideal é que você pergunte se seus contatos gostariam de receber a mensagem, a fim de evitar o aborrecimento da pessoa (por já ter autorizado) e possíveis problemas legais, como uma acusação de venda de cadastro.

Combinado com os contatos, as dicas que mencionamos antes serão essenciais também aqui: seja objetivo e simples e não envie muitas comunicações, pois essa prática pode confundir as pessoas; seja simpático e respeitoso; procure disparar as mensagens em horário comercial ou previamente acordado com os contatos; sempre envie uma opção para a pessoa sair ou optar em não receber essas mensagens e, sobretudo, nunca deixe uma mensagem sem respostas, mesmo que seja apenas um agradecimento.

Perguntas & respostas

Se o WhatsApp e os serviços de mensagens instantâneas são utilizados por muitas pessoas, por que devemos conhecer e pensar em outros meios de captação *on-line*?

A diversificação no momento de captar sempre garantirá um melhor retorno, já que nem todas as pessoas usam celulares ou aceitam receber mensagens de estranhos. Além disso, há quem prefira o contato telefônico ou uma mala direta.

Síntese

Neste capítulo, vimos que a internet proporciona várias formas de buscar e captar recursos. Em contrapartida, isso também implica uma série de riscos, principalmente se levarmos em consideração que uma mensagem escrita nem sempre é interpretada da maneira como esperamos. É preciso enxergar o mundo *on-line* como oportunidades, e para que possamos agarrá-las, precisamos seguir o que a maioria julga correto, já que não existe um código formal e estruturado para o uso da internet.

Lembre-se do conceito de netiqueta e que nem todas as pessoas respondem igualmente às diferentes formas de tecnologia que temos à disposição. Busque sempre ser o mais transparente possível e respeitoso com as pessoas, a fim de evitar problemas pessoais, profissionais e legais. Por fim, lembre-se de que o fato de a internet facilitar a comunicação terá sempre o lado positivo e o negativo. Avalie, faça suas ponderações e a opção pelo melhor ou pelos melhores métodos.

Questões para revisão

1. A sigla POST vem do inglês "People, Objective, Social and Tools" e, segundo Heyman e Brenner (2017), ajuda as organizações e as pessoas a planejar boas campanhas de mídias sociais e *crowdfunding*. Explique como as empresas podem usar o método POST em suas campanhas.

2. Segundo Heyman e Brenner (2017), precisamos seguir três dicas para elaborar *e-mails* marcantes e que gerem mais resultados. Cite e explique essas três dicas.

3. Indique se as afirmações a seguir são verdadeiras (V) ou falsas (F) no que se refere às recomendações de netiqueta.
   ( ) Ter um bom perfil *on-line*, assim como nosso perfil pessoal. Devemos zelar pela transparência e pelo respeito, principalmente quando falamos de redes sociais.
   ( ) Compartilhar conhecimento especializado, ou seja, se você tem bons conhecimentos sobre um assunto, é um bom ambiente para compartilhar e ajudar outras pessoas.
   ( ) Ajudar a instigar os conflitos, afinal são inerentes a qualquer tipo de relacionamento. Na internet eles se potencializam, pois as pessoas não estão se vendo e, muitas vezes, nem se conhecem.
   ( ) Respeitar a privacidade das pessoas é essencial. Assim como em um casamento as duas pessoas ainda devem ter sua privacidade, na internet não é diferente. Respeite o que é privado e o que as pessoas decidem ou não compartilhar, afinal, só compartilhamos o que acreditamos ser útil a alguém.
   ( ) Não abusar de seu poder. E aqui temos um ponto delicado: o mesmo assédio moral que acontece pessoalmente nas empresas, por exemplo, pode ser identificado na internet, na forma de agressão e preconceito. Assim, lembre-se de que, uma vez na rede, o registro dificilmente deixará de existir e pode ser que você tenha de responder por um ato impensado.
   ( ) Não perdoar os erros, pois as pessoas vão errar. Portanto, não perdoe os erros, assim como espera que as outras pessoas também não o façam.

Agora, assinale a alternativa que apresenta a sequência correta:

a) V, V, F, V, V, F.
b) V, V, F, V, V, V.
c) V, V, V, V, V, F.
d) F, V, F, V, F, F.
e) F, V, F, V, V, F.

4. Segundo Heyman e Brenner (2017), precisamos seguir três dicas para construir *e-mails* marcantes e que alcancem bons resultados, são elas:
   a) Mensagem curta; seja sucinto; a mensagem deve ser visualmente agradável.
   b) Mantenha a mensagem centrada no leitor; use palavras cultas; a mensagem deve ser visualmente agradável.
   c) Mantenha a mensagem centrada no leitor; seja sucinto; a mensagem deve ser visualmente agradável.
   d) Mantenha a mensagem centrada no leitor; seja sucinto; a mensagem deve ser impactante.
   e) Use mensagens consagradas; seja sucinto; use imagens diversas.

5. Segundo Heyman e Brenner (2017), a técnica chamada POST (do inglês *People, Objective, Social* and *Tools*) para mídias sociais ajuda as organizações e as pessoas a planejar boas campanhas de mídias sociais e de *crowdfunding*. Levando isso em consideração, leia o trecho a seguir:

   Engajar é muito mais do que estar em todas as plataformas e ter pouca interação. Devemos saber quem interage com nossos conteúdos e aprofundar essa relação o máximo possível. Logo, precisamos saber quem é a pessoa, por que ela se interessa pelo conteúdo, como podemos impactá-la e qual é o público que engajaremos com as ações propostas.

O trecho anterior é a definição de:

a) pessoas.
b) objetivos.
c) social.
d) ferramentas.
e) POST.

Para saber mais

Programa Techsoup Brasil de Doação de Licenças de Software

A empresa se apresenta, em seu *site*, da seguinte maneira:

> A TechSoup fornece tanto plataformas digitais quanto experiências pessoais que permitem que as pessoas trabalhem juntas em direção a um mundo mais igualitário.
>
> O Programa TechSoup Brasil é uma parceria com a TechSoup Global Network. Acreditamos que as organizações podem ter impacto ainda maior através do uso adequado da tecnologia. Isto requer assistência na obtenção, utilização e manutenção de ferramentas.
>
> Como parte do compromisso com o terceiro setor, empresas como Microsoft, Google, Symantec, Box, Autodesk, Adobe, Bitdefender, Tableau, CleverReach, Amazon, O & O, DocuSign, Veritas, Zoom, E-Goi, TrackMob e Recicladora Urbana utilizam a nossa plataforma para efetuar doações de licenças de software, produtos e serviços, ajudando assim a estruturar organizações em todo país. As organizações

se beneficiam da consolidação de muitos programas de doações em um único ambiente integrado, com uma vasta gama de informações sobre colaboração e apoios prestados pela TechSoup e suas organizações parceiras.

Saiba mais acessando o site.

TECHSOUP. Disponível em: <www.techsoup.org.br/about>. Acesso em: 3 fev. 2019.

O Polen

Ao estudar as maneiras de captar, vimos o arredondamento da compra. O *site* O Polen realiza uma ação parecida com essa que estudamos, porém no *e-commerce*. Ao fazer uma compra nas lojas parceiras, aparecerá uma mensagem perguntando se você deseja doar algum valor (em uma escala predefinida) para as organizações listadas. O mais interessante é que o doador não gasta nada a mais, pois quem repassa o valor é a loja que efetua a venda.

O POLEN. Disponível em: <www.opolen.com.br>. Acesso em: 3 fev. 2019.

E-GOI

Apesar de não ser uma plataforma gratuita, vale conhecer, pois ela promete integrar as formas de comunicação de seu projeto ou empresa. Com a chamada "Atraia, automatize, comunique, analise e gere mais vendas", a empresa E-GOI promete revolucionar a forma como você se comunica com seus clientes ou potencias doadores e investidores.

E-GOI. Disponível em: <www.e-goi.com.br>. Acesso em: 3 fev. 2019.

Crowdfunding

Muitas plataformas oferecem o serviço de financiamento coletivo. De maneira geral, as plataformas pedem que você poste o projeto e ele será analisado por uma equipe. Se aprovado, ele passa a constar na página e estar apto a receber recursos. Como são muitas as opções, referenciamos aqui quatro das mais conhecidas no Brasil:

CATARSE. Disponível em: <www.catarse.me/>. Acesso em: 3 fev. 2019.

KICKANTE. Disponível em: <www.kickante.com.br/>. Acesso em: 3 fev. 2019.

JUNTOS.COM.VC. Disponível em: <www.juntos.com.vc>. Acesso em: 3 fev. 2019.

VAKINHA. Disponível em: <www.vakinha.com.br>. Acesso em: 3 fev. 2019.

11 Sustentabilidade e responsabilidade social corporativa

Conteúdos do capítulo:

» Sustentabilidade.
» Responsabilidade social.
» *Stakeholders*.
» Finanças.
» Futuro.
» Indicadores.

Após o estudo deste capítulo, você será capaz de:

1. reconhecer quais ações estão relacionadas à sustentabilidade e quais estão vinculadas à responsabilidade social corporativa, entendendo a diferença entre esses dois conceitos;
2. compreender os principais termos financeiros e contábeis utilizados na área de sustentabilidade e captação de recursos;
3. entender o conceito de contabilidade verde e sua aplicação.

Pode parecer estranho falarmos de sustentabilidade e responsabilidade social corporativa no contexto de captação de recursos, mas existem muitos pontos em comum, sobretudo se considerarmos que a captação de recursos tem sua origem na filantropia e em projetos sociais, ou seja, que visam suprir serviços públicos deficitários. Logo, se o projeto visa, por exemplo, o plantio de árvores, precisará de recursos e tem cunho sustentável e responsável socialmente.

11.1 Conceituação de termos envolvidos na captação de recursos

Para falarmos desses conceitos no contexto da captação de recursos, é necessário a conceituação desses termos. Acompanhe cada um deles na sequência.

11.1.1 Sustentabilidade

Tem sua base no desenvolvimento sustentável, ou seja, tem como premissas o uso racional dos recursos naturais pensando no futuro das pessoas e do meio ambiente. A ideia é viver utilizando os recursos de maneira inteligente e permitir que as gerações futuras também façam uso deles.

A ideia de desenvolvimento sustentável tem ganhado relevância e baseia-se em três pilares: econômicos (crescimento e desenvolvimento da economia); sociais (atendimento das necessidades humanas) e ambientais (capacidade de regeneração/

recuperação do ambiente natural). Esse conceito é importante se considerarmos que, quanto mais ações tivermos no sentido de preservar e perpetuar, menos as gerações futuras sofrerão (Ruiz et al., 2016).

11.1.2 Responsabilidade social corporativa

São investimentos feitos em áreas afetadas pela empresa a fim de que ocorra alguma transformação positiva na comunidade impactada. Dois pilares são importantes dentro desse conceito: relação ética e transparente da empresa com seus *stakeholders* e estabelecimento de metas empresariais que impulsionem o desenvolvimento sustentável (Welzel; Brazil, 2016).

O assunto tornou-se tão importante que as empresas têm buscado indicadores que confiram um selo de sustentabilidade às empresas, apresentados a seguir.

Balanço social Ibase/Betinho

O Instituto Brasileiro de Análises Sociais e Econômicas (Ibase) é uma organização sem fins lucrativos fundada pelo sociólogo Herbert de Souza, o Betinho. Para compreender melhor qual é a função do Ibase, transcrevemos aqui os três tópicos que constituem sua visão e motivação:

» Guiar-se por princípios e valores éticos da democracia e da sustentabilidade da vida e do planeta.
» Engajar-se pela igualdade, direitos e emancipação social de todas e todos.
» Promover justiça socioambiental, cuidado de bens comuns e territórios sustentáveis. (Ibase, 2019)

Logo, a ideia desse balanço é demonstrar como as empresas estão interagindo com a sociedade e seus *stakeholders* no que se refere à responsabilidade social corporativa. Na tabela a seguir, podemos ver alguns indicadores elaborados tendo como referência o padrão Ibase e publicados pelo Grupo GPA.

Tabela 11.1 – Balanço Social Anual/2013 – GPA

2 – Indicadores sociais internos	Valor (mil)	% sobre FPB	% sobre RL	Valor (mil)	% sobre FPB	% sobre RL
Alimentação	295.276	6%	1%	329.130	6%	1%
Encargos	1.072.662	20%	2%	1.159.316	22%	2%
Previdência privada	3.770	0%	0%	3.964	0%	0%
Saúde	244.695	5%	0%	216.787	4%	0%
Segurança e saúde no trabalho	17.973	0%	0%	21.332	0%	0%
Educação	8.948	0%	0%	02.946	0%	0%
Cultura	0	0%	0%	0	0%	0%
Capacitação e desenvolvimento profissional	24.955	0%	0%	30.998	0%	0%
Creches ou auxílio-creche	809	0%	0%	726	0%	0%
Participação nos lucros ou resultados	165.419	0%	0%	157.377	3%	0%
Outros	191.592	4%	0%	203.107	4%	0%
Total – indicadores sociais internos	2.026.100	39%	4%	2.125.683	41%	4%

(continua)

(Tabela 11.1 – conclusão)

3 – Indicadores sociais externos							
	Valor (mil)	% sobre RO	% sobre RL	Valor (mil)	% sobre RO	% sobre RL	
Educação	8.683	1%	0%	7.416	1%	0%
Cultura	2.992	0%	0%	3.115	0%	0%
Saúde e saneamento	0	0%	0%	0	0%	0%
Esporte	8.814	1%	0%	7.978	1%	0%
Combate à fome e segurança alimentar	6.048	1%	0%	6.103	1%	0%
Outros	9.080	1%	0%	3.033	0%	0%
Total das contribuições para a sociedade	35.616	3%	0%	27.645	3%	0%
Tributos (excluídos encargos sociais)	4.494.188	427%	8%	3.665.882	349%	7%
Total das contribuições para a sociedade	4.529.804	430%	7%	3.693.527	351%	7%

Fonte: GPA, 2013.

11.1.4 Indicadores Ethos de Responsabilidade Empresarial

Avaliam questões sociais e ambientais ligadas à atividade da empresa. Assim como no balanço Ibase, a empresa deve preencher um relatório específico para que possa ser avaliada. No Quadro 11.1 podemos ver os 47 indicadores levados em consideração na avaliação do Instituto Ethos.

Quadro 11.1 – Indicadores Ethos

Indicadores ETHOS – Questionário principal (47 indicadores)		
Escolha quantos e quais indicadores deseja aplicar. A abrangência do diagnóstico é uma escolha da sua empresa/organização.		
Visão e Estratégia	01.	Estratégias para a Sustentabilidade
	02.	Proposta de Valor
	03.	Modelo de Negócios
Governança e Gestão	04.	Código de Conduta
	05.	Governança da Organização (empresas de capital aberto e fechado)
	06.	Compromissos Voluntários e Participação em Iniciativas de RSE/sustentabilidade
	07.	Engajamento das Partes Interessadas
	08.	Relações com Investidores e Relatórios Financeiros
	09.	Relatos de Sustentabilidade e Relatos Integrados
	10.	Comunicação com Responsabilidade Social
	11.	Práticas Concorrenciais
	12.	Práticas Anticorrupção
	13.	Contribuições para Campanhas Eleitorais
	14.	Envolvimento no Desenvolvimento de Políticas Públicas
	15.	Gestão Participativa
	16.	Sistema de Gestão Integrado
	17.	Sistema de Gestão de Fornecedores
	18.	Mapeamento dos Impactos da Operação e Gestão de Riscos
	19.	Gestão da RSE/Sustentabilidade
Social	20.	Monitoramento de Impactos do Negócio nos Direitos Humanos
	21.	Trabalho Infantil na Cadeia de Suprimentos
	22.	Trabalho Forçado (ou Análogo ao Escravo) na Cadeia de Suprimentos
	23.	Promoção da Diversidade e Equidade
	24.	Relação com Empregados (Efetivos, Terceirizados, Temporários ou Parciais)

(continua)

(Quadro 11.1 – conclusão)

Indicadores ETHOS – Questionário principal (47 indicadores)	
Social	25. Relações com Sindicatos
	26. Remuneração e Benefícios
	27. Compromisso com o Desenvolvimento Profissional
	28. Comportamento frente a Demissões e Empregabilidade
	29. Saúde e Segurança dos Empregados
	30. Condições de Trabalho, Qualidade de Vida e Jornada de Trabalho
	31. Relacionamento com o Consumidor
	32. Impactos decorrente do Uso dos Produtos ou Serviços
	33. Estratégia de Comunicação Responsável e Educação para o Consumo Consciente
	34. Gestão dos Impactos da Empresa na Comunidade
	35. Compromisso com o Desenvolvimento da Comunidade e Gestão das Ações Sociais
	36. Apoio ao Desenvolvimento de Fornecedores
Ambiental	37. Governança das Ações Relacionadas às Mudanças Climáticas
	38. Adaptação às Mudanças Climáticas
	39. Sistema de Gestão Ambiental
	40. Prevenção da Poluição
	41. Uso Sustentável de Recursos: Materiais
	42. Uso Sustentável de Recursos: Água
	43. Uso Sustentável de Recursos: Energia
	44. Uso Sustentável da Biodiversidade e Restauração dos Habitats Naturais
	45. Educação e Conscientização Ambiental
	46. Impacto do Transporte, Logística e Distribuição
	47. Logística Reversa

Fonte: Instituto Ethos, 2019.

11.1.5 Relatório de Sustentabilidade Dow Jones (*Dow Jones Sustainability Index World* – DJSI)

É um índice criado para medir as oscilações na Bolsa de Valores de Nova Iorque. Assim como na Bolsa de Valores de São Paulo, as empresas são classificadas na Dow Jones conforme sua *performance* e quanto a fatores ambientais e sociais.

Apesar de algumas empresas brasileiras fazerem parte do índice, como Banco Bradesco SA, Itaú Unibanco Holding SA, Itaúsa, Embraer, Cielo e Companhia Energética de Minas Gerais (Cemig), nenhuma empresa brasileira encabeça o *ranking* das empresas líderes por setor. Apesar de não ser uma boa notícia, isso significa que nossas empresas ainda podem evoluir muito no que diz respeito à sustentabilidade e à responsabilidade social corporativa.

Perguntas & respostas

Qual é a relação entre todos esses conceitos e a captação de recursos?

A resposta é relativamente simples. Quanto mais sustentável e responsável socialmente seu projeto ou instituição for, maior a chance de conseguir doações, investimentos ou patrocínios. Isso ocorre porque esses temas estão em alta mundialmente e as empresas mais envolvidas com eles têm se destacado e agregado valor aos seus produtos e serviços, por se preocuparem com o planeta de maneira geral.

11.2 Finanças

Em todo este livro, ainda que de forma indireta, são usados alguns termos ligados a finanças, como *orçamento* e *breakeven*. Nesta seção, listaremos e faremos uma breve explanação de termos financeiros relacionados à captação de recursos. Podemos dizer que será uma espécie de glossário financeiro para captadores de recursos.

Antes de conhecermos os termos financeiros, é importante entender a relação entre finanças e captação de recursos. Em um primeiro momento, parece muito óbvio, afinal, de maneira simplificada, podemos captar valores, ou seja, dinheiro (espécie) ou recursos, como espaço, voluntários, alimentos e outros itens que ajudem na realização do projeto.

Porém, para que possamos captar valores, é necessário que tenhamos habilidade com números. Essa habilidade vai além das quatro operações básicas: adição, subtração, multiplicação e divisão. Significa saber trabalhar com os números de forma que eles sejam aliados no processo de captação. Por isso, saber fazer um fluxo de caixa ou uma projeção de recebimentos e gastos é essencial para que possamos apresentar nosso projeto e nossa proposta de arrecadação de doações, investimentos ou patrocínio. Se precisarmos de um financiamento com um banco, por exemplo, alguns relatórios financeiros e contábeis são essenciais na análise de crédito: balanço social e demonstração de resultados são alguns exemplos.

Essa relação entre o captador e o conhecimento em finanças fica mais clara quando identificamos que uma das características esperadas desse profissional é um perfil empreendedor. A propósito, o perfil empreendedor não é esperado apenas do captador, mas sim de todos os profissionais que buscam sucesso em sua carreira como autônomos ou profissionais formais.

Mais especificamente, o ideal é que esse profissional seja um intraempreendedor, ou seja, aquele que "inova, identifica e cria oportunidade de negócios, monta e coordena novas combinações ou arranjos de recursos para agregar valor" (Hashimoto, 2013, p. 19). Para que fique mais claro quem é o intraempreendedor, listamos no quadro a seguir suas principais características e alguns comentários.

Quadro 11.2 – Áreas de conhecimento e competências do intraempreendedor

Área/competência	Comentários
Conhecer o produto ou serviço	Essencial para entender o potencial do projeto.
Negócio	Entender o negócio como um todo, seus processos, suas fases e sua gestão.
Setor	Entender em qual setor está inserido, as principais tendências e mudanças possíveis.
Liderança	Se temos equipe envolvida, o líder precisar saber motivar e conduzir todos ao mesmo objetivo.
Rede de contatos	Essencial para o desenvolvimento pessoal e profissional.
Administrativa	Saber planejar e gerir. É importante ter conhecimentos técnicos e experiência.
Empreendedor	Reconhecer oportunidades, não só de novos negócios, mas de potencializar os existentes.
Sonho	Acredita sempre que pode alcançar. Necessita alinhar sonhos pessoais com os profissionais.
Risco	Se concentra em oportunidades, mesmo que apresentem risco, pois consegue administrá-los.
Inovação	Transforma ideias em negócios e, consequentemente, em dinheiro.
Fracasso	Sabe lidar, acumulando conhecimentos e experiência para novas oportunidades.

Fonte: Elaborado com base em Hashimoto, 2013.

Agora que já estabelecemos a relação entre captação em finanças, vamos explorar os principais termos financeiros que podemos encontrar nessa atividade. Esses conceitos são importantes para que possamos entender melhor o próximo tópico, que tratará da contabilidade verde.

» **Receita** – Em nosso contexto, consiste em valor captado por meio de doação, patrocínio ou investimento/financiamento. Também pode ser uma receita obtida por meio de venda, no caso de geração de recursos próprios.
» **Despesa** – Para aqueles que doam, patrocinam ou investem/financiam, esse valor desembolsado é uma despesa. Para o projeto, está relacionado a qualquer atividade que necessite de desembolso financeiro.
» **Custo** – Apesar de parecer sinônimo de *despesa*, tem uma diferenciação importante, principalmente para demonstrativos contábeis. As despesas são os gastos com a operação da empresa ou o projeto como um todo, enquanto os custos são os valores dedicados à produção de mercadorias ou oferta de serviços. São exemplos de custos: mão de obra, matéria-prima, energia elétrica e manutenção de máquinas.
» **Orçamento** – Pode se referir ao custo para a aquisição de um equipamento, a despesas relacionadas à compra de novos uniformes ou a todas as despesas e os custos necessários para o projeto acontecer. Trata-se de uma estimativa de valores a serem desembolsados.
» **Fluxo de caixa** – Usado em finanças para fazer a projeção (futuro) das entradas (receitas) e saídas (despesas ou custos) de um projeto ou empresa. Funciona como a linha do tempo financeira do projeto e, por meio dele, é possível avaliar se teremos entradas superando saídas ou vice-versa, o que é essencial para o planejamento financeiro.

» **Previsões ou projeções (*forcast*)** – Com uma dinâmica muito parecida com o fluxo de caixa, a principal diferença é que para esse cálculo usamos apenas valores realizados, ou seja, que de fato já aconteceram e foram registrados. Podemos prever cenários econômicos como a quebra de uma empresa, que impactaria positiva ou negativamente no negócio ou projeto. É muito comum que sejam usados *softwares* estatísticos para essas previsões, pela maior facilidade e precisão.

» **Ponto de equilíbrio (*breakeven*)** – Ocorre quando, utilizando cálculos que envolvem entradas e saídas, identificamos o momento em que as despesas e os custos totais são iguais às receitas totais. Em captação de recursos, é utilizado principalmente na geração de recursos próprios, mas também para investimentos (geração de reserva de caixa) ou reinvestimentos no projeto.

11.2.8 Capital de giro

Expressão proveniente do mundo empresarial, mas que também se aplica à realidade da captação, pois corresponde ao valor total necessário para que o projeto possa ser implantado e comece a gerar alguma receita. Se pensarmos que um projeto teve aporte de uma fundação, em muitos casos o valor aportado é justamente esse capital de giro, o que faz sentido se lembrarmos que algumas fundações pedem um planejamento para quando esse valor for consumido por inteiro.

Agora, vamos explorar três termos muito utilizados para a avaliação financeira de um projeto ou negócio. São eles: Valor Presente Líquido (VPL), Taxa Interna de Retorno (TIR) e Rentabilidade.

11.2.9 Valor Presente Líquido (VPL)

É uma maneira de calcular o valor presente de pagamentos que serão feitos no futuro e leva em consideração alguns pontos importantes: fluxo de caixa, custos do investimento e taxa de juros. Como resultado do cálculo, teremos o valor a ser pago hoje, ou seja, descontado custos e juros. Quanto ao resultado, ele pode ser:

» **Positivo** – Matematicamente o projeto é viável, mas é importante avaliar todas as informações necessárias para decidir tal investimento.
» **Igual a zero** – Significa que matematicamente esse projeto não irá gerar custo nem lucro.
» **Negativo** – Demonstra que o projeto provavelmente terá prejuízo e não é viável investir.

Vale ressaltar que esta é uma avaliação financeira, ou seja, um projeto pode ser levado à frente mesmo com resultado negativo, pois, em alguns casos, por exemplo, o projeto pode fortalecer a marca ou alcançar pessoas que ainda não são clientes, o que pode gerar resultados positivos para o projeto ou a empresa no futuro.

11.2.10 Taxa Interna de Retorno (TIR)

Também é uma fórmula matemática-financeira que permite comparar o retorno financeiro do projeto a qualquer outro retorno financeiro, desde que as taxas de juros sejam conhecidas. Um exemplo: quero comparar se a taxa interna de retorno do projeto X é maior que a taxa de retorno da minha poupança. Por meio dessa fórmula, chegarei às porcentagens de retorno do projeto e da poupança e poderei comparar o que é maior ou melhor. Assim como no VPL, ter uma taxa interna de retorno menor no comparativo não significa necessariamente que o projeto não deve ser tocado, pois outros fatores deverão ser avaliados.

11.2.11 Rentabilidade

Esse índice geralmente é utilizado quando o investidor pede contrapartidas financeiras ou de resultado em si. É calculado dividindo o valor do investimento total pelo resultado obtido em determinado período. Em um exemplo simples: investindo R$ 1.000,00 em um negócio que tem resultado mensal igual a R$ 100,00, significa que sua rentabilidade é de 10% ao mês. Esse mesmo cálculo pode ser feito utilizando outras bases: trimestre, semestre, um ano ou em mais anos.

Perguntas & respostas

Qual é a real necessidade de conhecermos todos esses termos e conceitos financeiros se estamos estudando a captação de recursos?

É muito provável que, ao apresentar um projeto a possíveis financiadores, estes façam perguntas como "Qual é a TIR ou a rentabilidade?" ou "Qual é o *breakeven* desse projeto?". Se você não conhecer esses conceitos, com certeza será um candidato a menos na busca de recursos. Digamos que são jargões financeiros usados com bastante frequência quando falamos de valores. Afinal, captar recursos é mostrar que você sabe lidar com dinheiro, pois sabe o quanto precisa para entregar tudo aquilo que foi idealizado no projeto.

11.3 Contabilidade verde

O termo *contabilidade verde*, também conhecido como *contabilidade ambiental*, surgiu da necessidade de as empresas demonstrarem em seus balanços patrimoniais números que tivessem alguma relação com o meio ambiente ou que pudessem evidenciar a relação da empresa com os termos que estamos estudando: *sustentabilidade* e *responsabilidade social corporativa*.

Segundo Teixeira e Ribeiro (2014), as pesquisas acerca desse tema não são novas e devem ganhar cada vez mais importância, tanto acadêmica como profissionalmente. De acordo com os autores, a contabilidade verde é uma segregação da contabilidade tradicional, cujo foco é a proteção, a preservação e a recuperação do meio ambiente, demonstrando a relação financeira e contábil da empresa com esses temas. Os autores ainda citam um estudo realizado na Austrália, em que acionistas e gestores dizem que as informações ambientais são fundamentais para a tomada de decisão da gestão.

Ou seja, se estamos captando recursos para o projeto de uma organização ou para um projeto social no qual as empresas envolvidas (doadoras, parceiras ou investidoras) têm esse cuidado com o meio ambiente, é bastante provável que outras pessoas e empresas que também tenham essa preocupação juntem-se ao projeto.

Os números relativos a esses benefícios ambientais estarão dentro do balanço social, tema que tratamos no início deste capítulo. Utilizando como exemplo o balanço social do Grupo GPA, uma das categorias do balanço são os indicadores ambientais, como podemos ver no quadro a seguir.

Quadro 11.3 – Balanço social GPA – indicadores ambientais

4 – Indicadores ambientais						
	Valor (mil)	% sobre RO	% sobre RL	Valor (mil)	% sobre RO	% sobre RL
Investimentos relacionados com a produção/operação da empresa	0	0%	0%	0	0%	0%
Investimentos em programas e/ou projetos externos	12.686	1%	0%	11.150	1%	0%
Total dos investimentos em meio ambiente	12.686	1%	0%	11.150	1%	0%
Quanto ao estabelecimento de "metas anuais" para minimizar resíduos, o consumo em geral na produção/operação e aumentar a eficácia na utilização de recursos naturais, a empresa: ( ) não possui metas ( ) cumpre de 51 a 75% (X) cumpre de 0 a 50% ( ) cumpre de 76 a 100% ( ) não possui metas (X) cumpre de 51 a 75% ( ) cumpre de 0 a 50% ( ) cumpre de 76 a 100%						

Fonte: GPA, 2013.

Nesse exemplo, podemos notar que a empresa investe em programas ou projetos externos ligados ao meio ambiente, o que podemos comprovar visitando alguns estabelecimentos da marca Pão de Açúcar (do Grupo GPA) que disponibilizam parcerias para a reciclagem de materiais. Além disso, a empresa declara metas para minimizar resíduos em sua produção.

Como o foco desta obra não é o financeiro ou contábil, a ideia foi explorar assuntos que impactam a sociedade e que podem gerar um benefício extra quando estamos captando recursos e a empresa que nos apoia ou patrocina tem essa preocupação. Ou mesmo como podem aumentar o interesse em nosso projeto, caso ele tenha uma parte dedicada a temas ligados à sustentabilidade e à responsabilidade social corporativa.

Síntese

Neste capítulo, vimos que é essencial cuidar dos recursos naturais disponíveis e propor ações que aumentem e incentivem que todos tenham esse mesmo cuidado, não só para as empresas, mas sobretudo para o planeta. É necessário que o crescimento sustentável deixe de ser apenas um termo politicamente correto e comece a fazer parte de nossas ações, mesmo que seja da forma mais simples. Seja em nossos projetos, seja em outras áreas relacionadas diretamente ao meio ambiente, como o plantio de árvores, o tratamento de resíduos ou a preservação da flora ou fauna, devemos usar os recursos naturais para a satisfação das necessidades presentes sem que nossas ações comprometam as necessidades das gerações futuras.

Questões para revisão

1. Qual é a diferença entre sustentabilidade e responsabilidade social corporativa?

2. Qual é a diferença entre despesa e custo?

3. O que é contabilidade verde ou ambiental?

4. "Com uma dinâmica muito parecida com o fluxo de caixa, a principal diferença é que para esse cálculo usamos apenas valores realizados, ou seja, que de fato já aconteceram e foram registrados. Podemos prever cenários econômicos como a quebra de uma empresa que impactaria positiva ou negativamente o negócio ou projeto". Este texto é a definição de:
   a) Fluxo de caixa.
   b) Taxa Interna de Retorno (TIR).
   c) Valor Presente Líquido (VPL).
   d) *Forcast*.
   e) Rentabilidade.

5. "Quando, utilizando cálculos envolvendo entradas e saídas, identificamos o momento em que as despesas e os custos totais são iguais às receitas totais. Em captação de recursos, é utilizado principalmente na geração de recursos próprios, mas também para reinvestimentos no projeto ou investimentos (geração de reserva de caixa)". Esse texto é a definição de:
   a) Fluxo de caixa.
   b) Taxa Interna de Retorno (TIR).
   c) Valor Presente Líquido (VPL).
   d) *Forcast*.
   e) *Breakeven*.

Para saber mais

Ibase

O Ibase é uma organização sem fins lucrativos que procura ajudar as empresas a traduzir em números as ações sociais que praticam nos âmbitos interno, externo ou ambiental. Para conhecer mais sobre a organização e sua atuação nas empresas, acesse o *site*.

IBASE – Instituto Brasileiro de Análises Sociais e Econômicas. Disponível em: <http://ibase.br/pt/>. Acesso em: 3 fev. 2019.

Indicadores Ethos de Responsabilidade Social Empresarial

Estes indicadores "são uma ferramenta que têm auxiliado fortemente as empresas no sentido de permitir que incorporem em sua gestão os conceitos e compromissos que assumem em favor do desenvolvimento sustentável" (Custódio; Moya, 2007, p. 2).

CUSTÓDIO, A. L. de M.; MOYA, R. (Coord.). **Indicadores Ethos de Responsabilidade Social**. São Paulo: Instituto Ethos, 2007. Disponível em: <www3.ethos.org.br/wp-content/uploads/2013/07/IndicadoresEthos_2013_PORT.pdf>. Acesso em: 3 fev. 2019.

12 Ética empresarial

Conteúdos do capítulo:

- » Código.
- » Valores.
- » *Compliance* ou conformidade.
- » Recursos.
- » Honestidade.
- » Transparência.
- » Integridade.
- » Credibilidade.

Após o estudo deste capítulo, você será capaz de:

1. identificar quais são os princípios e valores preconizados para o profissional de captação de recursos;
2. reconhecer situações que não estão de acordo com o código de ética do profissional;
3. compreender as áreas de *compliance* das empresas e seus códigos de conduta.

Ética é um assunto que pode ser discutido à exaustão, por uma série de motivos: muitas pessoas acreditam que existem formas diferentes de ética, outras consideram que cada um tem a sua e há aqueles que acreditam que cada situação exige um nível diferente de ética. Além disso, existe uma relação estreita entre ética e nossos valores pessoais, pois ética também pode ser um valor.

Assim, nossa intenção neste capítulo é discutir o papel da ética nas empresas e como essa relação interfere no trabalho do captador de recursos. Na sequência, abordaremos a ética no contexto da captação de recursos e das atividades do profissional captador de recursos, finalizando com o código de ética próprio dos captadores.

Podemos definir *ética empresarial* como um código firmado e estabelecido entre as pessoas que fazem parte desse processo. Geralmente, quando falamos de *ética empresarial*, logo pensamos nos fundadores da empresa e em seus objetivos. Sim, o código de ética das empresas tem relação com seus fundadores e valores, mas tende a ser mutável, acompanhando o momento da empresa e as várias relações que ela precisa ter para seu perfeito funcionamento.

É muito comum encontrarmos questões relacionadas à ética no código de conduta das empresas, este geralmente ligado à área de *compliance*, que em português significa "conformidade". Esses manuais ou códigos de conduta normalmente são muito mais amplos e exploram leis e normas que regem certos comportamentos na empresa. Considerando que uma das definições de ética está ligada a fazer o bem ou o correto, faz todo sentido que uma área que cuida de conformidades elabore o código da empresa.

O interessante de haver uma área cuidando da conformidade é que ela deve disponibilizar canais para que as pessoas conheçam as regras e possam denunciar aqueles que se desviam delas. É muito comum, por exemplo, que as empresas disponibilizem canais de conduta para que situações suspeitas possam ser informadas e, se for o caso, investigadas. Algumas empresas disponibilizam o código de conduta de maneira livre, incentivando que todos que queiram fazer negócios entendam quais são valores da instituição.

12.1 A ética na captação e no uso dos recursos

Como disponibilizamos o código de ética do profissional de captação no próximo item, buscaremos refletir sobre alguns aspectos mais gerais – sem focar no código de ética – que permeiam o código e fazem parte de alguns valores que devem estar presentes nesse profissional.

Quando pensamos em alguém ético, provavelmente vem à mente alguém correto, que sempre busca a maneira mais justa de praticar qualquer ação no âmbito profissional e pessoal. É pouco provável que alguém antiético profissionalmente seja ético em suas questões pessoais, sendo o contrário também verdade.

A ética está ligada às nossas atitudes cotidianas e os atos mais simples envolvem questões de ética, por menores que sejam. Podemos pensar em um exemplo simples: estamos no supermercado e compramos algum item, passamos no caixa, entregamos uma nota e a atendente nos volta algumas moedas de troca. Chegando no carro ou em algum local, percebemos que ela nos deu cinquenta centavos a mais de troco. O correto e ético é voltar ao supermercado em alguma data oportuna, mostrar o cupom fiscal à atendente e devolver o valor, que pertence ao estabelecimento e provavelmente foi (ou seria) retirado do salário dos funcionários.

Pensando nessa situação, apresentamos, a seguir, quatro pilares, não só para o captador de recursos, mas para os profissionais de maneira geral.

» **Honestidade** – A honestidade é importante tanto nas informações que serão repassadas sobre os projetos como em sua execução e, principalmente, no uso dos recursos captados, financeiros ou não. Honesto é aquele que não omite informações mesmo que estas possam interferir no resultado. São antônimos de *honesto*: mentiroso, malfeitor, malandro.
» **Transparência** – Ser transparente é não ter nada a esconder. É mostrar os fatos da forma como eles são e aconteceram, mesmo que não sejam positivos. Envolve prestar contas e deixar os dados à disposição, ainda que não sejam solicitados. São antônimos de *transparente*: complicado, opaco, sujo.
» **Integridade** – Está ligada ao fato de não se deixar corromper, independentemente da situação, dos valores ou das ofertas. É não desviar de seus valores diante de ofertas ou propostas. São antônimos de *íntegro*: corrupto, fraudulento, corruptível.
» **Credibilidade** – Está ligada à confiança, a trabalhos bem executados, a respostas concretas. Têm credibilidade aqueles que possuem valores e princípios claros e os seguem com afinco. Credibilidade é uma qualidade que sempre será construída a longo prazo, mas que pode ser destruída em segundos. São antônimos de *credibilidade*: descrédito, desprestígio, difamação.

É possível que você chegue à conclusão de que esses pilares se confundem e que um pilar esteja apoiado no outro. Essa é a percepção que devemos ter, pois, de alguma forma, uma característica leva à outra, e é pouco provável que uma pessoa desonesta seja transparente, integra e passe credibilidade. E o mesmo ocorre com qualquer um dos pilares. Por isso, essas características são imprescindíveis, assim como os princípios e valores que veremos a seguir no código de ética.

Perguntas & respostas

Qual é a importância da ética na captação e no uso dos recursos?

Apesar de ser um dos subitens deste capítulo e de alguma forma ser uma pergunta já respondida pelo texto, é sempre válido refletir sobre a ética em atividades profissionais e a importância de seguir os padrões esperados. Um ponto interessante é que você nunca será reconhecido por ser ético, mas pode jogar fora anos de profissão pela falta dela. Logo, a ética tem um valor primordial na geração de credibilidade e confiança, características que levam anos para serem construídas, mas podem ser destruídas de maneira irreversível se simplesmente não seguirmos o código de ética da profissão. Assim, a principal reflexão é que devemos ser éticos, não porque isso garante um espaço no mercado, mas porque está alinhado a nossos valores e agrega em nossa atuação profissional.

12.2 O código de ética e os padrões da prática profissional: a Associação Brasileira de Captadores de Recursos (ABCR)

Por se tratar de uma prática profissional importante e que pode diferenciar os profissionais que exercem a profissão, optamos por finalizar esta obra com o código de ética dos profissionais de captação de recursos. Isso faz todo sentido se considerarmos que este livro apresenta os principais conceitos, situações, competências e técnicas que esse profissional deve reunir para se tornar um bom captador. Assim, esta obra não tem a intenção de formar um captador, e sim mostrar ferramentas para ajudar qualquer profissional a captar recursos. E se você é um desses profissionais, não deve buscar recursos sem antes ler o código de ética.

O site da ABCR disponibiliza o Código de Ética[1] completo e faz algumas considerações iniciais, como podemos verificar a seguir:

> **Código de ética e padrões da prática profissional**
>
> Para cumprir sua missão de promover e desenvolver a atividade de captação de recursos no Brasil, apoiando o Terceiro Setor na construção de uma sociedade melhor, a ABCR – Associação Brasileira de Captadores de Recursos estabeleceu um código de ética que disciplina a prática profissional, ressalta princípios de atuação responsável e propõe condutas éticas elevadas a serem seguidas pelos seus associados e servir como referência para todos aqueles que desejam captar recursos no campo social.

---

1 Crédito do texto: ABCR - Associação Brasileira de Captadors de Recursos.

Princípios e valores

Integridade, transparência, respeito à informação, honestidade em relação à intenção do doador e compromisso com a missão da organização que solicita fundos são princípios fundamentais na tarefa de captar recursos privados para benefício público. Todos os associados da ABCR devem segui-los incondicionalmente sob pena de comprometerem aquilo que lhes é mais valioso no exercício de sua profissão: a credibilidade. (ABCR, 2019b, grifo do original)

É importante seguirmos todas as leis que permeiam a profissão de captador e também aquelas que estão ligadas com os projetos e/ou empresas onde o profissional está alocado. Vale ressaltar que em caso de dúvidas um profissional especializado, no caso um advogado, deve ser consultado. O Código de Ética inicia tratando, assim, sobre a legalidade.

Código de ética

1. **Sobre a legalidade**

O captador de recursos deve respeitar incondicionalmente a legislação vigente no País,

» acatando todas as leis federais, estaduais e municipais aplicáveis ao exercício de sua profissão;
» cuidando para que não haja, em nenhuma etapa de seu trabalho, qualquer ato ilícito ou de improbidade das partes envolvidas; e
» defendendo e apoiando, nas organizações em que atua e naquelas junto às quais capta recursos, o absoluto respeito às leis e regulamentos existentes. (ABCR, 2019b, grifo do original)

Toda remuneração, deve ter uma origem lícita, ou seja, caso tal valor não esteja previsto em seu contrato ou regime de trabalho, deve-se encontrar uma forma de registrar para que tal recebimento seja lícito e seguro para ambas as partes. Sobre isso, o Código rege:

> 2. **Sobre a remuneração**
> O captador de recursos deve receber pelo seu trabalho apenas remuneração preestabelecida,
>
> » não aceitando, sob nenhuma justificativa, o comissionamento baseado em resultados obtidos; e
> » atuando em troca de um salário ou de honorários fixos definidos em contrato; eventual remuneração variável, a título de premiação por desempenho, poderá ser aceita em forma de bônus, desde que tal prática seja uma política de remuneração da organização para a qual trabalha e estenda-se a funcionários de diferentes áreas. (ABCR, 2019b, grifo do original)

Com certeza, um dos principais pontos fortes de um captador são as informações, em paralelo a sua credibilidade. Ou seja, aquele profissional que não souber trabalhar com as informações, guardando o devido sigilo, confidencialidade e lealdade, provavelmente perderá sua credibilidade e, consequentemente, seu cliente/empregador e sua reputação na área.

> 3. **Sobre a confidencialidade e lealdade aos doadores**
> O captador de recursos deve respeitar o sigilo das informações sobre os doadores obtidas em nome da organização em que trabalha,
>
> » acatando o princípio de que toda informação sobre doadores, obtida pela organização ou em nome dela, pertence à mesma e não deverá ser transferida para terceiros nem subtraída; assegurando aos doadores o direito de não integrarem listas vendidas, alugadas ou cedidas para outras organizações; e

» não revelando nenhum tipo de informação privilegiada sobre doadores efetivos ou potenciais a pessoas não autorizadas, a não ser mediante concordância de ambas as partes (receptor e doador). (ABCR, 2019b, grifo do original)

Em paralelo com o item anterior, se as informações são importantes a forma como divulgamos e comunicamos também. Assim, é básico que se trabalhe com a verdade sem maquiagem de informações ou mesmo duplo entendimento. Além disso é importante que as informações sejam públicas ou repassadas assim que solicitadas, com clareza e exatidão.

4. **Sobre a transparência nas informações**

O captador de recursos deve exigir da organização para a qual trabalha total transparência na gestão dos recursos captados,

» cuidando para que as peças de comunicação utilizadas na atividade de captação de recursos informem, com a máxima exatidão, a missão da organização e o projeto ou ação para os quais os recursos são solicitados;

» assegurando que o doador receba informações precisas sobre a administração dos recursos, e defendendo que qualquer alteração no uso e destinação dos mesmos será feita somente após consentimento por escrito do doador; e

» cobrando a divulgação pública dos resultados obtidos pela organização com a aplicação dos recursos, por meio de documento que contenha informações avalizadas por auditores independentes. (ABCR, 2019b, grifo do original)

O conflito de interesses não ocorre apenas na captação de recursos, mas sim em todas as profissões e com todos os profissionais. Zelar pelas relações e cumprir o código de ética e/ou de conduta das empresas com quem nos relacionamos garante o cumprimento das regras e minimiza consideravelmente o risco de existir conflito de interesses.

> 5. **Sobre conflitos de interesse**
> O captador de recursos deve cuidar para que não existam conflitos de interesse no desenvolvimento de sua atividade,
>
> » não trabalhando simultaneamente para organizações congêneres com o mesmo tipo de causa ou projetos, salvo com o consentimento das mesmas;
> » informando doadores sobre a existência de doadores congêneres atuais ou anteriores da organização ou do projeto, para que possam conscientemente decidir entre doar ou não;
> » não aceitando qualquer doação indiscriminadamente, considerando que determinados recursos podem não condizer com o propósito da organização e devem ser discutidos – e aprovados ou não – entre a entidade e o profissional;
> » não incentivando mudanças em projetos que os desviem da missão da organização, a fim de adequá-los a interesses de eventuais doadores; e
> » não ocultando nenhum tipo de informação estratégica que possa influir na decisão dos doadores. (ABCR, 2019b, grifo do original)

O profissional também tem seus direitos e estes devem ser respeitados, assim como os deveres que já observamos anteriormente. Nesse ponto, confidencialidade, lealdade, transparência e credibilidade também são valores importantes para que a relação captador-empresa-projeto seja saudável e possa gerar bons resultados a todos os envolvidos.

6. **Sobre os direitos do doador**

O captador de recursos deve respeitar e divulgar o Estatuto dos Direitos do Doador.

Estatuto dos Direitos do Doador

Para que pessoas e organizações interessadas em doar tenham plena confiança nas organizações do Terceiro Setor e estabeleçam vínculos e compromisso com as causas a que são chamados a apoiar, a ABCR declara que todo doador tem os seguintes direitos:

1. Ser informado sobre a missão da organização, sobre como ela pretende usar os recursos doados e sobre sua capacidade de usar as doações, de forma eficaz, para os objetivos pretendidos.
2. Receber informações completas sobre os integrantes do Conselho Diretor e da Diretoria da organização que requisita os recursos.
3. Ter acesso à mais recente demonstração financeira anual da organização.
4. Ter assegurado que as doações serão usadas para os propósitos para os quais foram feitas.
5. Receber reconhecimento apropriado.
6. Ter a garantia de que qualquer informação sobre sua doação será tratada com respeito e confidencialidade, não podendo ser divulgada sem prévia aprovação.
7. Ser informado se aqueles que solicitam recursos são membros da organização, profissionais autônomos contratados ou voluntários.

8. Poder retirar seu nome, se assim desejar, de qualquer lista de endereços que a organização pretenda compartilhar com terceiros.
9. Receber respostas rápidas, francas e verdadeiras às perguntas que fizer. (ABCR, 2019b, grifo do original)

Na relação captador-organização, é importante que o profissional seja cuidadoso com os *stakeholders* e os valores envolvidos em cada projeto. Importante também o cuidado com o banco de dados e as informações disponíveis, que devem ser mantidas e organizadas zelando pelo bom uso por parte da organização.

7. **Sobre a relação do captador com as organizações para as quais ele mobiliza recursos**
O captador de recursos, seja funcionário, autônomo ou voluntário, deve estar comprometido com o progresso das condições de sustentabilidade da organização,

   » não estimulando a formação de parcerias que interfiram na autonomia dos projetos e possam gerar desvios na missão assumida pela organização;
   » preservando os valores e princípios que orientam a atuação da organização;
   » cumprindo papel estratégico na comunicação com os doadores da organização; e
   » responsabilizando-se pela elaboração e manutenção de um banco de dados básico que torne mais eficaz a relação da organização com seus doadores. (ABCR, 2019b, grifo do original)

Assim como acontece com as leis, quando deixamos de cumprir o que é designado, existe a possibilidade de respondermos por tal conduta. Com o Código de Conduta dos Captadores não é diferente: o profissional que deixar de cumprir o que é preconizado estará sujeito às sanções previstas.

8. **Sobre sanções**

Sempre que a conduta de um associado da ABCR for objeto de denúncia identificada de infração às normas estabelecidas neste Código de Ética, o caso será avaliado por uma comissão designada pela Diretoria da ABCR, podendo o captador ser punido com mera advertência até desligamento do quadro associativo, conforme a gravidade do ato. (ABCR, 2019b, grifo do original)

É importante, sempre que iniciarmos um projeto, relembrarmos os pontos aqui discutidos para que possamos exercer o nosso trabalho de forma tranquila e em acordo com o código de ética da profissão. Afinal, o desvio de conduta pode significar uma mancha irreparável no histórico profissional.

9. **Recomendações finais**

Considerando o estágio atual de profissionalização das organizações do Terceiro Setor e o fato de que elas se encontram em processo de construção de sua sustentabilidade, a ABCR considera aceitável ainda a remuneração firmada em contrato de risco com valor preestipulado com base na experiência, na qualificação do profissional e nas horas de trabalho realizadas.

A ABCR estimula o trabalho voluntário na captação de recursos, sugere que todas as condições estejam claras entre as partes e recomenda a formalização desta ação por meio de um contrato de atividade voluntária com a organização.

Com relação à qualidade dos projetos, o captador de recursos deve selecionar projetos que, em seu julgamento ou no de especialistas, tenham qualidade suficiente para motivar doações.

A ABCR considera projeto de qualidade aquele que:
1. atende a uma necessidade social efetiva, representando uma solução que desperte o interesse de diferentes pessoas e organizações;

2. esteja afinado com a missão da organização; e
3. seja administrado por uma organização idônea, legalmente constituída e suficientemente estruturada para a adequada gestão dos recursos. (ABCR, 2019b, grifo do original)

Síntese

Neste capítulo, vimos que características como honestidade, integridade e transparência, entre outras, estão ganhando cada vez mais importância nas relações humanas, principalmente quando pensamos nos problemas políticos vividos pelo Brasil. Por isso, será cada vez mais comum que, além de suas habilidades pessoais e profissionais, sejam avaliados seus princípios e valores, para que tenham certeza não apenas de suas competências técnicas, mas também pessoais e emocionais.

Os captadores de recursos têm um código de ética próprio, assim como várias outras profissões, entre elas advogados, médicos, secretários-executivos e contadores. E, se as profissões prezam e zelam por condutas aceitáveis, é nosso papel conhecer e cumprir essas regras estabelecidas.

Questões para revisão

1. De acordo com o que estudamos neste capítulo, elenque quais são os comportamentos esperados de um profissional de captação de recursos.
2. Como podemos definir a ética empresarial?
3. Suponha que você está captando recursos para um projeto e, em determinado momento, alguém de sua equipe questiona

se deve seguir a legislação federal, na qual o projeto está inserido. Ela explica que o projeto poderia alcançar os objetivos muito mais rapidamente se alguns pontos da lei não fossem seguidos. Qual seria sua resposta? Como você a embasaria?

4. De acordo com o código de ética dos captadores de recursos, para garantir a transparência nas informações, o profissional deve:
   a) não se preocupar com a transparência na gestão dos recursos captados.
   b) cuidar para que as peças de comunicação utilizadas na atividade de captação de recursos não demonstrem exatidão.
   c) assegurar que o doador receba informações precisas sobre a administração dos recursos e garantir que qualquer alteração no uso e na destinação destes será feita somente após consentimento por escrito do doador.
   d) cobrar os ajustes dos resultados obtidos pela organização com a aplicação dos recursos por meio de documento que contenha informações avalizadas por auditores independentes.
   e) seguir todas as leis pertinentes à captação de recursos.

5. De acordo com o código de ética dos captadores de recursos, o profissional deve proceder, em situações de conflitos de interesse:
   a) estimulando conflitos de interesse no desenvolvimento de sua atividade.
   b) trabalhando simultaneamente para organizações congêneres com o mesmo tipo de causa ou projeto.

c) aceitando qualquer doação indiscriminadamente, considerando que todos os recursos são válidos.
d) não incentivando mudanças em projetos que os desviem da missão da organização, a fim de adequá-los a interesses de eventuais doadores.
e) ocultando todo tipo de informação estratégica que possa influir na decisão dos doadores.

Para saber mais

Códigos de conduta

Muitas empresas prezam pelo bom andamento de seus funcionários e parceiros, internos ou externos. É cada vez mais comum encontrar códigos de conduta ou de ética das empresas em seus *sites*. Essa atitude reforça a preocupação das organizações com comportamentos considerados inadequados e a transparência com seus *stakeholders*. É possível acessar o código de conduta de várias empresas pela internet. Seguem alguns *sites* que podem sem acessados:

BUNGE. **A Bunge**: nosso código de conduta. Disponível em: <www.bunge.com.br/Bunge/Nosso_Codigo_Conduta.aspx>. Acesso em: 3 fev. 2019.

CONTATO SEGURO. **Código de conduta e a política de integridade**. Disponível em: <www.contatoseguro.com.br/grupofleury/codigo-conduta>. Acesso em: 3 fev. 2019.

ELETROBRAS. **Código de conduta ética e integridade das empresas Eletrobras**. Disponível em: <http://eletrobras.com/pt/Paginas/Codigo-de-Etica.aspx>. Acesso em: 3 fev. 2019.

Para concluir...

Este livro abordou o tema captação de recursos, para o qual poucas publicações se dedicam. Geralmente, encontramos essa temática como um recorte em alguns materiais relacionados a eventos e sua organização. Aqui, a intenção foi reunir o maior número possível de informações sobre o tema, que deve crescer diante das dificuldades econômicas enfrentadas no século XXI.

Foram exploradas temáticas como a gestão de eventos e projetos, o contexto da captação de recursos, as principais fontes e tipos de recursos, as competências desejáveis para as pessoas da equipe de captação e as técnicas envolvidas para a criação de uma base de dados de potenciais doadores.

Foram apresentados, ainda, maneiras alternativas de captar recursos e temas que têm ganhado cada vez mais relevância no mercado: sustentabilidade e responsabilidade social corporativa, finanças e contabilidade verde. Por fim, fizemos algumas reflexões sobre ética e acerca do código de ética dos captadores de recursos.

Ao fim desta jornada, esperamos que você sinta-se confortável em gerir um projeto que tenha entre suas ações a captação de recursos e, mais do que isso, sinta-se capaz de aplicar os métodos, as abordagens e as técnicas aqui estudados.

Não deixe de ler e consultar os materiais indicados na seção *Para saber mais*. Esses conteúdos foram cuidadosamente selecionados para aprofundar seus conhecimentos e ampliar seus horizontes sobre o tema captação de recursos e todas as temáticas subjacentes. Sua curiosidade não deve cessar ao fim deste material, e sim ficar mais latente para que o tema seja cada vez mais presente e seu domínio sobre técnicas e ferramentas aumente.

Desejo sucesso em seus estudos e que a leitura tenha agregado conhecimento e valor à sua jornada. Até uma próxima.

Referências

ABCR – Associação Brasileira de Captadores de Recursos. Disponível em: <https://captadores.org.br/>. Acesso em: 15 abr. 2019a.

____. **Código de Ética**. Disponível em: <https://captadores.org.br/codigo-de-etica/>. Acesso em: 15 abr. 2019b.

BISCALCHIN, A. C. S.; ALMEIDA, M. A. de. Apropriações sociais da tecnologia: ética e netiqueta no universo da infocomunicação. **InCID – Revista de Ciência da Informação e Documentação**, Ribeirão Preto, v. 2, n. 1, p. 193-207, jan./jun. 2011. Disponível em: <www.revistas.usp.br/incid/article/view/42341>. Acesso em: 3 fev. 2019.

BRASIL. Decreto n. 5.761, de 27 de abril de 2006. **Diário Oficial da União**, Poder Executivo, Brasília, DF, 28 abr. 2006. Disponível em: <www.planalto.gov.br/ccivil_03/_Ato2004-2006/2006/Decreto/D5761.htm>. Acesso em: 3 fev. 2019.

____. Decreto n. 8.281, de 1º de julho de 2014. **Diário Oficial da União**, Poder Executivo, Brasília, DF, 3 jul. 2014a. Disponível em: <www.planalto.gov.br/ccivil_03/_Ato2011-2014/2014/Decreto/D8281.htm>. Acesso em: 3 fev. 2019.

____. Lei Complementar n. 101, de 4 de maio de 2000. **Diário Oficial da União**, Poder Legislativo, Brasília, DF, 5 maio 2000. Disponível em: <www.planalto.gov.br/ccivil_03/Leis/LCP/Lcp101.htm>. Acesso em: 3 fev. 2019.

BRASIL. Lei n. 8.248, de 23 de outubro de 1991. **Diário Oficial da União**, Poder Legislativo, Brasília, DF, 24 out. 1991a. Disponível em: <www.planalto.gov.br/ccivil_03/LEIS/L8248.htm>. Acesso em: 3 fev. 2019.

____. Lei n. 8.313, de 23 de dezembro de 1991. **Diário Oficial da União**, Poder Legislativo, Brasília, DF, 24 dez. 1991b. Disponível em: <www.planalto.gov.br/ccivil_03/leis/L8313cons.htm>. Acesso em: 3 fev. 2019.

____. Lei n. 8.666, de 21 de junho de 1993. **Diário Oficial da União**, Poder Legislativo, Brasília, DF, 22 jun. 1993a. Disponível em: <www.planalto.gov.br/ccivil_03/leis/L8666cons.htm>. Acesso em: 3 fev. 2019.

____. Lei n. 8.685, de 20 de julho de 1993. **Diário Oficial da União**, Poder Legislativo, Brasília, DF, 21 jul. 1993b. Disponível em: <www.planalto.gov.br/ccivil_03/leis/l8685.htm>. Acesso em: 3 fev. 2019.

____. Lei n. 10.176, de 11 de janeiro de 2001. **Diário Oficial da União**, Poder Legislativo, Brasília, DF, 12 jan. 2001a. Disponível em: <www.planalto.gov.br/ccivil_03/leis/LEIS_2001/L10176.htm>. Acesso em: 3 fev. 2019.

____. Lei n. 13.023, de 8 de agosto de 2014. **Diário Oficial da União**, Poder Legislativo, Brasília, DF, 11 ago. 2014b. Disponível em: <www.planalto.gov.br/ccivil_03/_Ato2011-2014/2014/Lei/L13023.htm#art1>. Acesso em: 3 fev. 2019.

____. Lei n. 13.196, de 1º de dezembro de 2015. **Diário Oficial da União**, Poder Legislativo, Brasília, DF, 2 dez. 2015a. Disponível em: <www.planalto.gov.br/ccivil_03/_Ato2015-2018/2015/Lei/L13196.htm>. Acesso em: 3 fev. 2019.

____. Lei n. 13.204, de 14 de dezembro de 2015. **Diário Oficial da União**, Poder Legislativo, Brasília, DF, 15 dez. 2015b. Disponível em: <www.planalto.gov.br/ccivil_03/_ato2015-2018/2015/lei/l13204.htm>. Acesso em: 3 fev. 2019.

BRASIL. Lei n. 13.243, de 11 de janeiro de 2016. **Diário Oficial da União**, Poder Legislativo, Brasília, DF, 12 jan. 2016. Disponível em: <www.planalto.gov.br/ccivil_03/_Ato2015-2018/2016/Lei/L13243.htm#art4>. Acesso em: 3 fev. 2019.

____. Lei n. 13.473, de 8 de agosto de 2017. **Diário Oficial da União**, Poder Legislativo, Brasília, DF, 9 ago. 2017a. Disponível em: <www.planalto.gov.br/ccivil_03/_ato2015-2018/2017/lei/L13473.htm>. Acesso em: 3 fev. 2019.

____. Lei n. 13.674, de 11 de junho de 2018. **Diário Oficial da União**, Poder Legislativo, Brasília, DF, 12 jun. 2018. Disponível em: <http://www.planalto.gov.br/ccivil_03/_Ato2015-2018/2018/Lei/L13674.htm>. Acesso em: 10 fev. 2019.

____. Medida Provisória n. 810, de 8 de dezembro de 2017. **Diário Oficial da União**, Poder Executivo, 11 dez. 2017b. Disponível em: <www.planalto.gov.br/ccivil_03/_Ato2015-2018/2017/Mpv/mpv810.htm>. Acesso em: 3 fev. 2019.

____. Medida Provisória n. 2.228, de 6 de setembro de 2001. **Diário Oficial da União**, Poder Executivo, 10 set. 2001b. Disponível em: <www.planalto.gov.br/ccivil_03/MPV/2228-1.htm>. Acesso em: 3 fev. 2019.

BRASIL. Ministério da Cultura. Instrução Normativa n. 5, de 26 de dezembro de 2017. **Diário Oficial da União**, Poder Legislativo, 27 dez. 2017c. Disponível em: <http://pesquisa.in.gov.br/imprensa/jsp/visualiza/index.jsp?data=27/12/2017&jornal=515&pagina=20&totalArquivos=212>. Acesso em: 3 fev. 2019.

____. Portaria n. 83, de 8 de setembro de 2011. Disponível em: <http://antigo.cultura.gov.br/documents/10895/939065/Portaria+n%C2%BA%2083%2C%20operacionaliza%C3%A7%C3%A3o+pareceristas+com+altera%C3%A7%C3%A3o+pela+Portaria+n%C2%BA%20144.pdf/89b26of1-ab6b-43d8-9b1d-3a80b43eb2c3>. Acesso em: 3 fev. 2019.

CAMARGO, F. A. **A importância percebida de competências financeiras para profissionais de secretariado**. Dissertação (Mestrado em Administração de Empresas) – Fundação Escola de Comércio Álvares Penteado, Fecap, São Paulo, 2017.

CARTILHA sobre uso de incentivos fiscais 2015. **Fecomércio**, 2015. Disponível em: <www.fecomercio.com.br/upload/_v1/2015-07-30/13544.pdf>. Acesso em: 3 fev. 2019.

CHILES, D. P. **Los princípios de la netiqueta**. Paperback, 2014.

COINS 2019. **Cotas patrocinadores/expositores**. 2017. Disponível em: <https://coins.com.br/expo-coins/tabela-cota-de-patrocinio/>. Acesso em: 16 abr. 2019.

CUSTÓDIO, A. L. de M.; MOYA, R. (Coord.) **Indicadores Ethos de Responsabilidade Social Empresarial**. São Paulo: Instituto Ethos Empresas e Responsabilidade Social, 2007. Disponível em: <www3.ethos.org.br/wp-content/uploads/2013/07/IndicadoresEthos_2013_PORT.pdf>. Acesso em: 3 fev. 2019.

ENDEAVOR BRASIL. **Incentivos fiscais**: conheça para usar, use para crescer. Disponível em: <https://endeavor.org.br/incentivos-fiscais/>. Acesso em: 3 fev. 2019.

GIORNI, S. **Profissional de secretariado na coordenação de eventos**. Belo Horizonte: Ophicina de Arte & Prosa, 2015.

GORINI, M.; TORRES, H. da G. **Captação de recursos para startups e empresas de impacto**: guia prático. Rio de Janeiro: Alta Books, 2015.

GPA. **Balanço Social Anual – 2013**. 2013. Disponível em: <https://www.relatoweb.com.br/gpa/outras-ferramentas-no-menu/balanco-social-ibase/>. Acesso em: 17 abr. 2019.

HASHIMOTO, M. **Espírito empreendedor nas organizações**: aumentando a competitividade através do intraempreendedorismo. 3. ed. São Paulo: Saraiva, 2013.

HEYMAN, D. R.; BRENNER, L. **Guia prático de captação de recursos**: conheça as principais fontes, estratégias e ferramentas para captar recursos em organizações da sociedade civil. Tradução de Thais Iannarelli. São Paulo: Instituto Filantropia, 2017.

IBASE – Instituto Brasileiro de Análises Sociais e Econômicas. **Quem somos**: conheça nosso trabalho e forma de atuação. Disponível em: <http://ibase.br/pt/sobre-o-ibase/>. Acesso em: 3 fev. 2019.

INSTITUTO ETHOS. **Indicadores Ethos**: publicações. Disponível em: <https://www.ethos.org.br/conteudo/indicadores-ethos-publicacoes/#.XLePXzBKiM_>. Acesso em: 17 abr. 2019.

O BUSSINESS Model Canvas. **HSM Experience**. Disponível em: <https://experience.hsm.com.br/posts/lean-canvas>. Acesso em: 3 fev. 2019.

PEREIRA, C. F. de J. **Captação de recursos (*fund raising*)**: conhecendo melhor por que as pessoas contribuem. São Paulo: Mackenzie, 2001.

PEREIRA, F. C. M.; SOARES, C. P. Uso do design thinking para a criação de modelos canvas voltados à captação de recursos em editais de patrocínio. In: SEMEAD – SEMINÁRIOS EM ADMINISTRAÇÃO, 20., 2017, São Paulo. **Anais**... São Paulo: SemeAd, 2017. Disponível em: <http://login.semead.com.br/20semead/arquivos/956.pdf>. Acesso em: 3 fev. 2019.

PMBOK. **Um guia do conhecimento em gerenciamento de projetos**. 4. ed. EUA: Project Management Institute, 2013.

RUIZ, M. S. et al. **Conflitos socioambientais urbanos**: um estudo prospectivo na Região Metropolitana de São Paulo. **GeSec – Revista de Gestão e Secretariado**, v. 7, n. 2, p. 21-54, maio/ago. 2016. Disponível em: <www.redalyc.org/html/4356/435647461003/>. Acesso em: 3 fev. 2019.

SANTOS, A. dos et al. **Captação de recursos para projetos sociais**. Curitiba: Intersaberes, 2012.

SEBRAE – Serviço Brasileiro de Apoio às Micro e Pequenas Empresas. **Aprenda a criar um quadro de modelo de negócios para renovar sua empresa**. Disponível em: <www.sebrae.com.br/sites/PortalSebrae/bis/quadro-de-modelo-de-negocios-para-criar-recriar-e-inovar,a6df0cc7f4217410VgnVCM2000003c74010aRCRD>. Acesso em: 3 fev. 2019.

SILVA, M. J. V. et al. **Design thinking**: inovação em negócios. Rio de Janeiro: MJV, 2012.

TEIXEIRA, G. C. dos S.; MACCARI, E. A.; KNIESS, C. T. Impactos do uso de técnicas de gerenciamento de projetos na realização de um evento educacional. **Revista de Gestão e Secretariado**, v. 3, n. 2, p. 67-86, jul./dez. 2012. Disponível em: <www.revistagesec.org.br/secretariado/article/view/135>. Acesso em: 3 fev. 2019.

TEIXEIRA, L. M. dos S.; RIBEIRO, M. de S. Estudo bibliométrico sobre as características da contabilidade ambiental em periódicos nacionais e internacionais. **RGSA – Revista de Gestão Social e Ambiental**, v. 8, n. 1, p. 20-36, jan./abr. 2014. Disponível em: <https://rgsa.emnuvens.com.br/rgsa/article/view/810>. Acesso em: 3 fev. 2019.

VALENTIM, M. L. P. Criatividade e inovação na atuação profissional. **CRB-8 Digital**, São Paulo, v. 1, n. 1, p. 3-9, jul. 2008. Disponível em: <www.humanativa.com.br/wp-content/uploads/2016/08/Artigo-criatividade-e-inova%C3%A7%C3%A3o.pdf>. Acesso em: 3 fev. 2019.

VERGUEIRO, J. P. O captador/mobilizador de recursos. **ABCR – Associação Brasileira de Captadores de Recursos**, 6 abr. 2013. Disponível em: <http://captadores.org.br/o-profissional/>. Acesso em: 3 fev. 2019.

_____. O que é captação de recursos? **ABCR – Associação Brasileira de Captadores de Recursos**, 2 fev. 2016. Disponível em: <http://captadores.org.br/captacao-de-recursos/>. Acesso em: 3 fev. 2019.

WELZEL, E.; BRAZIL, J. L. Gestão sustentável do turismo: proposição de protocolo de práticas e processos de implementação de responsabilidade social corporativa para os meios de hospedagem da Grande Florianópolis. **Revista de Gestão e Secretariado**, v. 7, n. 2, p. 138-165, maio/ago. 2016. Disponível em: <https://www.revistagesec.org.br/secretariado/article/view/571/pdf>. Acesso em: 15 abr. 2019.

Respostas

Capítulo 1

Questões para revisão

1. Ferramenta utilizada na administração para gerir ou melhorar processos de uma forma contínua, ou seja, cíclica.

   Planejar: Consiste em reunir todas as informações pertinentes à tarefa que deverá ser executada. Importante sempre estar atento a possíveis problemas e/ou dificuldades que possam surgir durante o processo. Aqui também são definidos os objetivos e prazos.

   Organizar: Serão reconhecidos todos os recursos necessários e definida a maneira de utilizá-los de forma mais otimizada, ou seja, organizada e concatenada. Essa etapa depende dos objetivos traçados no planejamento.

   Dirigir: Serão colocadas em prática as ações previstas no planejamento, seguindo as orientações analisadas durante a organização. Dirigimos ou guiamos, uma vez que todas as ações foram calculadas e estipuladas para o melhor resultado possível (planejamento e organização).

   Controlar: Fazer o *follow-up* (acompanhamento) dos processos de forma bastante atenta e próxima, a fim de evitar problemas e corrigir possíveis contingências, fatos que podem exigir mudanças de alguma ação previamente programada para que os objetivos continuem dentro dos prazos estabelecidos.

Essas quatro características ou habilidades dos administradores e gestores deram origem ao ciclo PDCA, do inglês: *plan* (planejar), *do* (organizar/fazer), *check* (dirigir/checar) e *act* (controlar/agir).
2. Objetivos, orçamento, tema, público-alvo, data, horário, local, disposição da sala, programação, divulgação e avaliação.
3. d. O correto é se preocupar com o orçamento para o evento por tratar-se de ponto que não é da sua responsabilidade, pois recursos serão obtidos pela equipe da captação de fomento.
4. a. Para a organização de uma videoconferência ou de qualquer outro evento que exija recursos tecnológicos, é essencial a presença de profissionais qualificados que possam dar suporte específico sobre a ferramenta ou o equipamento a fim de evitar transtornos e falhas.
5. d. É no pós-evento que os organizadores devem prestar contas e apresentar os aprendizados decorrentes da realização daquele evento, evidenciando tanto aspectos a serem melhorados como ações a serem evitadas.

Capítulo 2

Questões para revisão

1. É um esforço temporário empreendido para criar um produto, serviço ou resultado exclusivo. A natureza temporária dos projetos indica que eles têm um início e um término definidos. O término é alcançado quando os objetivos do projeto são atingidos ou quando o projeto é encerrado porque seus objetivos não serão ou não podem ser alcançados, ou quando existe a necessidade de o projeto deixar de existir. Um projeto também poderá ser encerrado se o cliente, patrocinador ou financiador assim o desejar. *Temporário* não significa necessariamente de curta duração. O termo refere-se ao engajamento do projeto e à sua longevidade (PMBOK, 2013, p. 3).

2. d. Um projeto é um esforço de realizar um objetivo específico por meio de um conjunto único de tarefas inter-relacionadas e a utilização eficaz de recursos.
3. V, F, V, F, V.
4. d. *Brainstorming* é um método usado na iniciação. A auditoria não faz parte das ações de gestão do projeto. Intraevento é relativo à execução de um evento. Canvas é um método usado para planejamento.
5. Monitoramento e controle é a ação responsável por acompanhar a execução (monitoramento) e gerenciar as mudanças caso seja necessário (controle). Em outras palavras, será necessário acompanhar toda a execução do planejamento para que possam ser feitas correções de comando ou ajustes de comunicação, financeiros e de logística, entre outros. Essa fase tem maior duração por ser a parte mais sensível, ou seja, no monitoramento e controle, seremos capazes de identificar qualquer desvio ou melhoria a serem implementados, por isso é a ação que tem a maior duração, iniciando praticamente no tempo 0 e seguindo até o encerramento completo do projeto.

Capítulo 3

Questões para revisão

1. Sequência correta: III, VIII, V, VII, II, I, IV, VI.
2. As doações e os patrocínios são destinados a "projetos culturais: teatro, dança, literatura, artes circenses, artes plásticas, artes gráficas, gravuras, cartazes, filatelia, folclore e artesanato, rádio e televisão educativos e culturais de caráter não comercial, cultura negra e indígena" (Pereira, 2001).
3. d. Na literatura norte-americana, há diversos significados para *fundraising* (captação de recursos), entre eles pedir doação em espécie; esforço planejado para buscar recursos de fontes

distintas e atividades cujo objetivo é respaldar financeiramente um projeto (Pereira, 2001).

4. c. Lei Rouanet (Lei Federal de Incentivo à Cultura n. 8.313/1991): visa estimular doações e patrocínios a eventos e projetos culturais. Seu principal benefício está ligado ao abatimento fiscal para as empresas que fazem a doação. Além da lei citada, há algumas outras legislações nesse contexto, como o Decreto n. 5.761/2006, que regulamenta a Lei Rouanet e, de maneira objetiva, ajusta a utilização dos benefícios fiscais e corrige algumas distorções (Brasil, 2006); a Portaria n. 83/2011, que "define regras de classificação e distribuição dos projetos ou produtos culturais" (Brasil, 2011); e a Instrução Normativa n. 5/2017, relacionada à prestação de contas e avaliação dos projetos culturais (Brasil, 2017a).

5. c. Lei Rouanet (Lei Federal de Incentivo à Cultura n. 8.313/1991): visa estimular doações e patrocínios a eventos e projetos culturais. Seu principal benefício está ligado ao abatimento fiscal para as empresas que fazem a doação.

A doação tem como prerrogativa que os valores não precisam ser devolvidos, pelo menos, não na forma de dinheiro. Assim, há três modalidades de doação: a simples ou pura, na qual não existe contrapartida, ou seja, os valores são doados sem a expectativa de que algum benefício seja oferecido; a doação com encargos, em que existe alguma forma de contrapartida, de maneira geral não relacionada a espécie ($); e a doação de fundações e institutos empresariais, que poderia ser chamada de *investimento*, já que esses órgãos acompanham o desenrolar do projeto, inclusive como os valores são gastos. Exigem contrapartida e prestação de contas do valor investido.

Capítulo 4

Questões para revisão
1. e
2. c
3. e
4. d
5. d

Capítulo 5

Questões para revisão
1. Abertura: Partimos do princípio de que a pessoa concordou em falar com o captador ou demonstrou essa abertura procurando o projeto. Neste momento, o ideal é que sejamos breves e consigamos demonstrar nossa gratidão por esse tempo concedido pela pessoa.

    Envolvimento: Momento em que precisamos ter claros dois passos essenciais: 1) demonstrar nosso envolvimento com a causa, porém sem exagerar nas explicações – a ideia é demonstrar que estamos nos projetos, pois acreditamos nas mudanças e nas transformações que ele pode promover; 2) enquanto falamos sobre nosso envolvimento, devemos fazer perguntas abertas ao doador/investidor a fim de conhecer um pouco mais a pessoa e as razões que a conectam àquela causa.

    Apresentação: Neste momento acontece a mágica, ou seja, com as informações que conseguimos das pessoas, faremos a conexão entre elas e o projeto, pois já conseguimos identificar quais vínculos podemos explorar e demonstrar o quanto a doação ou o investimento serão relevantes para o projeto. É importante explorar as características do projeto que mais se conectem com a pessoa.

Aproximação: Se passamos por todas as etapas e conseguimos criar esse vínculo entre doador e projeto, chegou o momento de falar de valores. O ideal é que tenhamos um valor em mente e, antes de falar, façamos um breve relato de tudo o que será executado com esse valor. Por fim, perguntamos se a pessoa pode doar o valor que havíamos idealizado.

2. Sequência correta: 3, 2, 4, 4, 1, 4, 1, 3, 2, 4, 1.
3. e
4. F, V, V, F.

    Justificativa
    » Abertura: partimos do princípio que a pessoa não concordou em falar com o captador ou não demonstrou essa abertura procurando o projeto. Neste momento, o ideal é que não sejamos breves e consigamos demonstrar nossa gratidão por esse tempo concedido pela pessoa.
    » Aproximação: se passamos por todas as etapas e conseguimos criar esse vínculo entre doador e projeto, não será necessário falar de valores. Podemos ficar tranquilos que, com todos esses passos, a doação será grande e não precisaremos nos preocupar em pedir um valor exato.
5. O principal elemento para se construir e manter uma parceria é cuidar de seu *networking*, que, em uma tradução livre, seria "cuidar de sua rede de relacionamento". A partir do momento que você recebe a doação ou o investimento de uma pessoa ou empresa, inicia-se um relacionamento.

Capítulo 6

Questões para revisão

1. Capa: apresente seu projeto por meio de imagens (utilizando um logo, por exemplo) e inclua o título "Proposta de patrocínio".

Visão geral: especifique o projeto e seu histórico, os dados gerais do evento e da equipe que será responsável por ele, os benefícios que o evento irá gerar para a empresa e seus *stakeholders* e foque no público-alvo e em seu potencial.

Contrapartidas: este é, provavelmente, um dos pontos que mais influenciará na decisão dos empresários. Assim, apresente os níveis de patrocínio e foque nas contrapartidas oferecidas por eles.

Contatos: deixe contatos por meio dos quais a empresa de fato conseguirá se comunicar: *e-mail*, telefone e contato via mensagem. Anote o nome e o cargo das pessoas que poderão fornecer mais informações.

2. d. Uma boa proposta de patrocínio deve apresentar quatro elementos: capa, visão geral, contrapartidas oferecidas à empresa e contatos. Uma boa proposta de patrocínio deve apresentar apenas as contrapartidas oferecidas à empresa. Criar níveis de patrocínio é importante para uma melhor negociação e para que você possa ser flexível e atender possíveis demandas da empresa.
3. d
4. c
5. Apesar de existirem diferenças, o voluntariado é uma forma de apoio, ou seja, em algumas ocasiões, as empresas não podem ou não têm como política investir capital em eventos na forma de patrocínio. Quando isso acontece, devemos ser flexíveis e avaliar como o apoio dessa empresa pode nos ajudar por meio de *marketing*, divulgação e permutas. Outra forma bastante específica de apoiar um evento é disponibilizando voluntários, isto é, pessoas que poderão executar algum serviço no escopo do evento. Eles podem ajudar na parte operacional, na montagem de *kits*, na parte de informática e tecnologia,

na limpeza e na organização geral, bem como na parte mais estratégica, como planejamento de um evento, confecção de apresentações, transporte de palestrantes e parte médica.

Capítulo 7

Questões para revisão

1. Fundação privada: Assim como as empresas privadas, essas fundações são mais profissionais e geralmente funcionam de modo parecido com uma empresa no que diz respeito a estratégias e colaboradores. Isso significa que, de alguma forma, elas já têm um plano traçado acerca de em quais projetos investir. O ponto mais positivo é que essas fundações gostam de investir em projetos inovadores ou que promovam alguma melhoria significativa. Em contrapartida, costumam exigir um planejamento detalhado e que demonstre como será a continuação do projeto depois que o investimento for consumido.

   Fundação comunitária: Como o próprio nome diz, é uma fundação da comunidade ou formada por pessoas da comunidade. Ajuda projetos, causas ou captadores mais novos ou que estejam ingressando nesse mercado. Por serem comunitárias, são focadas em regiões específicas, geralmente nas comunidades que representam. E, justamente por essa veia humanitária, costumam muitas vezes ajudar não só com financiamento, mas com orientações profissionais, técnicas e *coworking* (espaços comuns de trabalho).

   Fundação empresarial: O nome nos leva a pensar que é uma empresa, mas, na verdade, podemos defini-la como o braço social de uma empresa. As fundações devem funcionar de maneira independente da empresa. No entanto, o poder financeiro da fundação depende diretamente dos valores disponibilizados pela empresa, ou seja, apesar de terem funcionamentos distintos, as decisões são compartilhadas de alguma forma. Isso ocorre porque essas fundações apoiarão causas que façam sentido para a empresa ou para a comunidade na qual a empresa está inserida. Logo, há muita semelhança com as fundações privadas no que diz respeito à parte documental e no critério mais rigoroso na seleção de projetos e causas.

2. e

II. Correto. Aproxime sua linguagem à dos financiadores, lembrando que as prioridades da instituição devem estar alinhadas ao projeto, ou seja, o projeto deve ter embasamento nos princípios da fundação e dos financiadores.

IV. Correto. Mostre visão de futuro, ou seja, faça um exercício das ações que podem ser alcançadas com o valor aportado. Por exemplo, hoje atendemos 50 crianças. Com o investimento recebido, após 6 meses atenderemos 100 crianças.

3. e
4. e
5. A carta proposta ou de intenção comunicará de forma clara e objetiva itens como valor solicitado e como este será usado, principais dados da empresa, instituição ou projeto que está solicitando o capital e qual é o ponto de intersecção entre o projeto e os financiadores.

Capítulo 8

Questões para revisão

1. F, V, F, V.

   "Assim, a maioria dos projetos têm origem nos problemas encontrados pelas empresas, que precisam de ideias para sanar e conquistar lucro". Falso, pois os projetos sociais têm origem em problemas sociais, e não nas empresas.

"Desenvolvimento e gestão do projeto: momento em que o projeto é pensado e de fato temos a programação das ações. A gestão é feita à distância, o que minimiza os custos e faz com que o projeto saia mais barato, obtendo mais lucro". Falso, pois este é o momento "mão na massa", em que colocamos em prática tudo o que foi programado e a gestão é feita de perto.

2. F, F, V, F, F.

(F) Promove ações *organizadas* que conseguem interagir com as constantes mudanças de nossa sociedade.

(F) Promovem ações cujo foco *é* nos resultados, ou seja, são pensadas e executadas buscando a eficiência (meios utilizados) e a eficácia (resultados atingidos).

(V)

(F) Promove o *capital intelectual*, ou seja, o aprendizado e memórias das ações feitas, assim como seus benefícios e problemas. Assim, quando captadores fazem intercâmbio entre projetos distintos, levam consigo esse aprendizado e essa bagagem profissional.

(F) Por atuarem de maneira *micro*, diferentemente do Poder Público, que atua de maneira macro, fica mais fácil alcançar os objetivos e resultados, por se tratar de um problema ou comunidade específicos.

3. Sem problemas não existem projetos sociais. Assim, a identificação do problema deve ser o primeiro passo, já que a maioria dos projetos origina-se de uma situação que incomoda alguém ou um grupo de pessoas e estes começam a refletir sobre possíveis soluções para sanar o problema. Quando as ideias viram ações e estas, por sua vez, são viáveis, surge um projeto. Podemos dizer que essa fase seria o *brainstorming* dos projetos sociais ou, em outras palavras, uma série de soluções que precisam ser analisadas e planejadas para que o projeto cumpra seu propósito.

4. Nem sempre será possível conseguir doações, apoio institucional ou participar de editais para cobrir os gastos de um projeto ou uma instituição. Quando passamos por uma situação parecida, uma solução bastante utilizada é a geração de recursos próprios. Em outras palavras, uma forma de gerar recursos sem depender de terceiros, o que, assim como o processo de captação, exige muita energia e dedicação.

5. b

Capítulo 9

Questões para revisão

1. d

    III. Exemplo de *face-to-face*.

    IV. Exemplo de arredondamento da compra.

2. d. Não são maneiras de captação: SWOT, *fundraising*, empreendedorismo e PDCA.

3. Segundo Silva et al. (2012, p. 13-14), *design thinking* refere-se:

    > à maneira do *designer* de pensar, que utiliza um tipo de raciocínio pouco convencional no meio empresarial, o pensamento abdutivo. Nesse tipo de pensamento, busca-se formular questionamentos através da apreensão ou compreensão dos fenômenos, ou seja, são formuladas perguntas a serem respondidas a partir das informações coletadas durante a observação do universo que permeia o problema. Assim, ao pensar de maneira abdutiva, a solução não é derivada do problema: ela se encaixa nele.

    Em outras palavras, esse método propõe que consigamos usar nossas experiências para nos ajudar a enxergar soluções diferentes para problemas apresentados ou apresentar uma solução que de fato esteja alinhada e seja viável.

4. A maioria dos contatos acontece por meio de *telemarketing* ativo, ou seja, uma pessoa ou empresa tem uma base de dados de doadores ou potenciais doadores e programa contatos telefônicos para a captação. Podemos comparar seu funcionamento ao *face-to-face*, com a diferença de que o meio de comunicação é o telefone. Geralmente, a receptividade das pessoas não é muito positiva e o volume de recursos captados nem sempre é o esperado. Algumas empresas também utilizam a unidade de resposta audível (URA), equipamento que pode ser programado para receber ou efetuar chamadas de maneira autônoma. Apesar de ser um método ainda utilizado, não é o mais eficaz.

5. d

Capítulo 10

Questões para revisão

1. **P** de pessoas

    Engajar pessoas é muito mais do que estar em todas as plataformas e ter pouca interação. Devemos saber quem são as pessoas que interagem com nossos conteúdos e aprofundar essa relação o máximo possível. Logo, precisamos saber quem é a pessoa, por que ela se interessa pelo conteúdo, como podemos impactá-la e qual é o público que engajaremos com as ações propostas.

    O de objetivos
    Uma boa dica é que seus objetivos sejam SMART (do inglês *Specific*, *Measurable*, *Achievable*, *Realistic* and *Timely*). Adaptando para o português, seus objetivos devem ser:

    > Específicos: ou seja, com foco claro e definido, afinal, quanto menos específico for, mais difícil de ser alcançado.

Mensuráveis: precisam ter uma forma simples e objetiva de serem medidos. Indicadores de *performance* (KPI – *Key Performance Indicator*) podem ser bons aliados nesta tarefa.

Alcançáveis: muitas vezes idealizamos metas inalcançáveis por conta do tempo, da equipe ou da estrutura disponível. Assim, é essencial que os objetivos sejam alcançáveis, levando em consideração todos os itens aqui explorados.

Relevantes: para que o projeto ou instituição realmente alcance o que foi traçado. Afinal, reduzir o uso de papel é importante, porém não é relevante para se captar recursos para o projeto.

Pontuais: esse fator deve ser levado em consideração em todas as etapas e estar de acordo com o prazo do projeto. Se eu alcançar meus objetivos depois da entrega final do projeto ou do prazo final de captação, eu falhei, pois não consegui entregar 100% do que foi acordado.

S de social
De maneira simples, você precisa convencer as pessoas de que sua causa vale a pena e que elas devem participar e engajar seus pares. Lembrando que *social* é aquilo referente a uma comunidade ou grupo de indivíduos. Um bom exemplo de uma campanha que tinha sua vertente social clara é o Desafio do Balde de Gelo, criado pela ALS Associaciation, uma instituição que cuida de pessoas com esclerose lateral amiotrófica (ELA), uma doença que degenera os músculos. A campanha conseguiu engajar pessoas ao redor do mundo, triplicando a receita da organização, inclusive no Brasil, onde muitos artistas participaram da brincadeira, que, na verdade, era uma forma de captação.

T de ferramentas (**Tools**)

Aqui entram todas as ferramentas que podem ajudar nesse processo de engajamento e alcance nas redes sociais, entre elas todas as plataformas de mídias sociais e de *crowdfunding*, ferramentas de curadoria de conteúdo, agendamento de postagens, análise de *performance* e planilhas em geral, que são usadas para controle e estimativas.

2. Mantenha a mensagem centrada no leitor: Provavelmente, você que está lendo este livro agora recebe uma grande quantidade de *e-mails*, seja porque profissionalmente é necessário, seja porque muitas vezes se cadastra em *sites* que oferecem assuntos de seu interesse. Para que um *e-mail* de captação chame sua atenção, deverá ter um assunto convincente, isto é, deve ser relevante para a sua realidade. Para que isso seja possível, o ideal é que, nos trinta primeiros caracteres, a mensagem transmita a informação mais importante por meio de palavras-chave.

Seja sucinto: Muitas pessoas não leem os *e-mails*. Assim, sua mensagem deverá chamar a atenção para que a pessoa pare e leia, mesmo que de uma maneira superficial. É estimado que uma pessoa demore aproximadamente 3 segundos em cada *e-mail* para decidir se vale maior atenção ou não. Assim, use títulos curtos, interessantes e marcantes. Os parágrafos devem ser objetivos e de aproximadamente três linhas, sempre passando ideias centrais. Por fim, procure repetir essa mensagem duas ou três vezes. Mas atenção: tome cuidado para não enviar mensagens com ideias conflitantes, pois isso faz com que sua credibilidade seja prejudicada.

A mensagem deve ser visualmente agradável: Por mais que você tenha um título que desperte a atenção da pessoa, enviar uma mensagem que contenha apenas texto, sem espaçamento e com um tamanho incomum, fará com que o leitor desista da

leitura. Logo, a dica é compor uma mensagem agradável, a qual o receptor possa entender em poucos segundos e sentir que o visual do *e-mail* é agradável. Lembre-se de que muitos *e-mails* são lidos no celular. Assim, quanto mais sucinto e agradável ele for, melhor.
3. e
4. c
5. a

Capítulo 11

Questões para revisão

1. Sustentabilidade: Tem sua base no desenvolvimento sustentável, ou seja, tem como premissas o uso racional dos recursos naturais pensando no futuro das pessoas e do meio ambiente. A ideia é viver utilizando os recursos de maneira inteligente e permitindo que as gerações futuras façam uso deles.

    Responsabilidade social corporativa: são investimentos feitos em áreas afetadas pela empresa a fim de que ocorra alguma transformação positiva na comunidade impactada. Dois pilares são importantes dentro desse conceito: relação ética e transparente da empresa com seus *stakeholders* e estabelecimento de metas empresariais que impulsionem o desenvolvimento sustentável (Welzel; Brazil, 2016).

2. Despesa: Para aqueles que doam, patrocinam ou investem/financiam, esse valor desembolsado é uma despesa. Para o projeto, está relacionado a qualquer atividade que necessite de desembolso financeiro.

    Custo: Apesar de parecer sinônimo de *despesa*, tem uma diferenciação importante, principalmente para demonstrativos contábeis. As despesas são os gastos com a operação da empresa ou o projeto como um todo, enquanto os custos são os valores dedicados à produção de mercadorias ou oferta de serviços. São exemplos: mão de obra, matéria-prima, energia elétrica e manutenção de máquinas.

3. Segundo Teixeira e Ribeiro (2014), as pesquisas acerca desse tema não são novas e devem ganhar cada vez mais importância, tanto acadêmica como profissionalmente. De acordo com os autores, a contabilidade verde é uma segregação da contabilidade tradicional, cujo foco é a proteção, a preservação e a recuperação do meio ambiente, demonstrando a relação financeira e contábil da empresa com esses temas. Os autores ainda citam um estudo realizado na Austrália, onde acionistas e gestores dizem que as informações ambientais são fundamentais para a tomada de decisão da gestão.
4. d
5. e

Capítulo 12

Questões para revisão

1. Honestidade, transparência, integridade, credibilidade e princípios e valores do código de ética da ABCR.
2. Podemos definir a ética empresarial como um código firmado e estabelecido entre as pessoas que fazem parte desse processo. Geralmente, quando falamos de *ética empresarial*, logo pensamos nos fundadores da empresa e em seus objetivos. Sim, o código de ética das empresas tem relação com seus fundadores e valores, mas tende a ser um código mutável, que acompanha o momento da empresa e as várias relações que ela precisa ter para seu perfeito funcionamento.

3. Código de ética dos captadores: sobre a legalidade:
   O captador de recursos deve respeitar incondicionalmente a legislação vigente no país, acatando todas as leis federais, estaduais e municipais aplicáveis ao exercício de sua profissão.
4. c
5. d

Sobre o autor

Fernando Aguiar Camargo é mestre em Administração de Empresas com ênfase em Finanças pela Fundação Escola de Comércio Álvares Penteado (Fecap), pós-graduado em Assessoria Executiva pelo Centro Universitário Ítalo Brasileiro (UniÍtalo) e graduado em Secretariado Executivo Trilíngue pela Fecap. Como docente, atua nos cursos de graduação em Secretariado Executivo e de pós-graduação em Assessoria Executiva da Fecap, além de ser conteudista do Centro Universitário Internacional Uninter. Tem experiência de mais de dez anos como secretário executivo, atendendo diretores e presidentes. Atualmente, exerce o cargo de assistente executivo da diretoria do Grupo Fleury. Atua também como diretor do Sindicato das Secretárias e Secretários do Estado de São Paulo (Sinsesp). Desenvolve palestras em universidades e empresas, além de coordenar cursos livres voltados para o secretariado. Criador do Grupo Secretários e coautor do livro *Excelência no secretariado*, com o capítulo "O homem e o secretariado".

Os papéis utilizados neste livro, certificados por instituições ambientais competentes, são recicláveis, provenientes de fontes renováveis e, portanto, um meio responsável e natural de informação e conhecimento.

FSC
www.fsc.org
MISTO
Papel | Apoiando o manejo florestal responsável
FSC® C103535

Impressão: Reproset
Julho/2023